EINLEITUNG

Kein anderes Thema wurde 2019 so häufig und engagiert in Medien und auch im Privaten diskutiert wie die zu erwartenden Veränderungen des Klimas. Für manche wurde es zu der globalen Überlebensfrage vor allen übrigen Lebensbereichen. Die zahlreichen anderen politischen, wissenschaftlichen, gesellschaftlichen, wirtschaftlichen, militärischen ideologischen und geistlichen Herausforderungen und Konflikte verschwanden dahinter fast vollkommen. Gelegentlich stellte sich, wie häufig bei medial überhitzten Themen, ein regelrechter Tunnelblick ein.

Ganz ohne Zweifel ist die leichtfertige Belastung und auch Zerstörung der Natur ein ernst zu nehmendes, möglicherweise sogar überlebenswichtiges Problem der Menschheit. Eine hemmungslose Ausbeutung natürlicher Ressourcen vernachlässigt langfristige Auswirkungen und missachtet die Schöpfung als großartige Leihgabe Gottes. Vielfach dominieren leider oft kurzfristige, egoistische Interessen beim Verbrauch von Energie und Rohstoffen.

Gleichzeitig darf aber auch nicht vergessen werden, dass Umweltfragen heute häufig ideologisch instrumentalisiert werden, um effektiv eigene politische und wirtschaftliche Interessen zu schützen. Mit den Themen Klima und Umwelt werden gegenwärtig Wahlen entschieden, neue Ethik-Standards gesetzt und Milliarden von Euros verdient.

Nicht nur für Christen gilt es, in der Beschäftigung und Meinungsbildung mit diesen Fragen auf Wahrhaftigkeit und Ehrlichkeit zu setzen. Die Unterdrückung bestimmter Fakten und Interpretationsmöglichkeiten schaden längerfristig gesehen natürlich der Glaubwürdigkeit und auch der Lösung von Umweltproblemen. Darüber hinaus haben sich Panik und überstürzte Entschlüsse im Nachhinein zumeist als schädlich erwiesen.

Natürlich handelt es sich bei der hier versuchten Darstellung nur um eine Annäherung an die gegenwärtig heiß diskutierten Fragen des Klimawandels. Grundlegende Informationen zum Thema können dem Leser bei der eigenen Meinungsbildung helfen. Ganz bewusst werden aber auch skeptische Fragen formuliert und christliche Aspekte für den korrekten Umgang mit Gottes Schöpfung angedacht.

INHALT

GESCHICHTE

Kurze Geschichte der Klima-Debatte[1]

Als *Treibhauseffekt* bezeichnet man die Umstände der Erwärmung der Erde und ihrer Atmosphäre, vorwiegend durch die Sonneneinstrahlung. Auf der Oberfläche der Sonne herrscht eine Temperatur von rund 5600 °C. Ständig strahlt die Sonne in alle Richtungen eine immense Menge elektromagnetischer Energie ab. Die häufigsten Wellenlängen der Photonen des Sonnenlichtes liegen bei 500 nm, was grünem Licht entspricht. Die Mischung verschiedener Strahlen unterschiedlicher Wellenlänge wird als weiß wahrgenommen. Wie die Glasscheiben eines Treibhauses absorbiert die Lufthülle der Erde nur wenig Strahlung. Die meisten Photonen werden von der Erdoberfläche, dem Land und dem Meer absorbiert und dort in Wärme umgewandelt. Die dort erwärmten Gegenstände strahlen elektromagnetische Wellen mit einer Wellenlänge von 10 000 nm (Infrarotstrahlung) ab. Für diese *Rückstrahlung* aber sind die Treibhausgase in der Lufthülle der Erde

(Wasserdampf, Kohlenstoffdioxid, Methan, Lachgas) weniger durchlässig. Die Strahlung wird von diesen Gaspartikeln teilweise absorbiert und dann als Wärme in alle Richtungen abgestrahlt, wodurch sich der ganze Luftraum verstärkt aufheizt. Ohne diesen Rückhalt des Treibhauseffekts werden ca. 70 % der reflektierten Sonnenenergie relativ schnell wieder in den Weltraum abgegeben. Der Rest bewirkt Windbewegungen sowie verschiedene physikalische und chemische Reaktionen, beispielsweise die Photosynthese der Pflanzen.

Dieser sogenannte *Treibhauseffekt,* die Rückhaltung abgestrahlter Wärmeenergie durch entsprechende Gasmoleküle in der Luft, wurde 1824 von Jean-Baptiste Fourier entdeckt und 1896 von Svante Arrhenius genauer beschrieben. Charles D. Keeling war 1958 der Erste, der den kontinuierlichen Anstieg des von Menschen verursachten CO_2 nachweisen konnte. Dafür dienten ihm verschiedene Messstationen, unter anderem auf dem Mauna Loa/Hawaii. Der britische Meteorologe Ernest Gold hatte im Jahr 1908 prognostiziert, dass die Temperatur mit wachsender CO_2-Konzentration aufgrund des dadurch verstärkten Treibhauseffekts deutlich ansteigen würde.

Mitte der 1970er Jahre untersuchte der Schweizer Hans Oeschger die Lufteinschlüsse im tief gelegenen Eis von Grönland und stellte fest, dass die CO_2-Konzentration während der letzten Eiszeit um ca. 50 % niedriger lag als im 20. Jahrhundert. Daraus schloss er, damals noch etwas spekulativ, die Beteiligung des CO_2 an der Erwärmung der Atmosphäre. Mehr CO_2 in der Luft führt demnach zu einem größeren Rückhalt der von der Erdoberfläche abgestrahlten Wärmeenergie und damit zu einer Aufheizung der Luft. Die in diesem Prozess erwärmten Meere könnten nicht mehr so viel CO_2 absorbieren, weshalb dessen Konzentration in der Luft weiter zunimmt. Außerdem steige aus dem wärmeren Wasser mehr Wasserdampf auf, der seinerseits ebenfalls zu einer Erwärmung der Atmosphäre beiträgt. Der ganze Prozess beschleunigt sich also, einmal angestoßen, selbst weiter.

Zwischenzeitlich lässt sich eine globale Erwärmung, d. h. ein Anstieg der weltweiten Durchschnittstemperatur um ca. 1 Grad Celsius seit Beginn der Industrialisierung beobachten, besonders stark in den letzten 30 Jahren. Dieser Temperaturanstieg wird nicht nur von lokalen erdnahen Stationen, sondern auch durch Satellitenmessungen bestätigt.

Aufgrund immer stichhaltigerer Daten hinsichtlich des Treibhauseffektes organisierte die UN vom 12. bis 23. Februar 1979 eine erste „Weltklimakonferenz" (*First World Climate Conference* [WCC-1]) in Genf. Experten der *Vereinten Nationen* (UN) berieten damals über die Möglichkeiten einer Eindämmung der durch den Menschen verursachten Klimaveränderungen. Im Ergebnis forderte man eine deutliche Reduktion des Verbrauchs fossiler Brennstoffe und eine strikte Begrenzung der Abholzung großer Waldgebiete.

1988 wurde vom *Umweltprogramm der Vereinten Nationen* (UNEP) und der *Weltorganisation für Meteorologie* (WMO) der halbstaatliche *Intergovernmental Panel on Climate Change* (IPCC, *Zwischenstaatlicher Ausschuss für Klimaänderungen,* auch

Weltklimarat) ins Leben gerufen. Er soll die UNO und die Regierungen der Welt über das Wesen und die Folgen des menschengemachten Klimawandels informieren und beraten.

Der Weltklimakonferenz in Toronto (1988) gelang es, den Klimawandel auf die internationale politische Agenda zu setzen. An ihr nahmen Vertreter aus 40 Ländern und 24 internationalen Organisationen teil. Die auf der Konferenz verabschiedeten *Toronto-Ziele*, forderten eine Minderung der Treibhausgasemissionen um 20 % bis 2005 und um 50 % bis zum Jahr 2050, jeweils bezogen auf die Werte von 1988. Zu weiteren Konsultationen und koordinierten Aktionen für die Reduzierung klimaschädlicher Emissionen fand seit 1995 jährlich eine *Internationale Weltklimakonferenz* (WCC) statt.

1990 erschien dann der erste *Sachstandsbericht des IPCC*, der auf mögliche Schäden infolge von Klimaänderungen hinwies. Daraufhin wurde auf dem *Klimagipfel* in Rio de Janeiro 1992 eine *Klimakonvention zur Verhinderung von Schäden* verabschiedet. Der zweite IPCC-Bericht (1995) brachte erste deutliche Hinweise auf menschliche Einflüsse beim globalen CO_2-Anstieg.

Auf der Klimakonferenz in Kyoto/Japan (1997) verpflichteten sich die teilnehmenden Industrieländer, ihre Treibhausgasemissionen von 2008 bis 2012 um 5,2 % zu senken. Das sogenannte *Kyoto-Protokoll*, das 2005 in Kraft trat, war der erste völkerrechtlich verbindliche Vertrag für die Reduzierung klimaschädlicher Emissionen. Bis 2011 hatten 191 Staaten sowie die *Europäische Union* das *Kyoto-Protokoll* ratifiziert, nicht allerdings wichtige Staaten wie die USA und Kanada. Aufgrund unterschiedlicher politischer und wirtschaftlicher Interessen kam es während weiterer Klima-Konferenzen zwar zu unverbindlichen Absichtserklärungen, nicht jedoch zu konkreten Ergebnissen.

Die im *Kyoto-Protokoll* reglementierten Treibhausgase sind: Kohlenstoffdioxid (CO_2), Methan (CH_4), Distickstoffmonoxid (Lachgas, N_2O), teilhalogenierte Fluorkohlenwasserstoffe (H-FKW/HFCs), perfluorierte Kohlenwasserstoffe (FKW/PFCs) und Schwefelhexafluorid (SF_6). Am allgemeinen Wachstumstrend dieser relevanten Treibhausgase konnte das Abkommen bislang allerdings nur wenig ändern.

Bis zur UN-Klimakonferenz in Doha (2012) einigten sich die Vertragsstaaten auf eine zweite Verpflichtungsperiode (*Kyoto II*), die von 2013 bis 2020 galt. Offen blieb dabei allerdings, wie viel Treibhausgase jeder Staat konkret in welchem Zeitraum einsparen sollte. Auch die von vielen Entwicklungsländern geforderten finanziellen Unterstützungen bei den geplanten Maßnahmen blieben unklar, weshalb das Abkommen kaum konkrete Folgen vorweisen konnte. Insgesamt wurde das Projekt des weltweiten Klimaschutzes in dieser Zeit immer stärker zu einer Angelegenheit europäischer Staaten. Mit der angedachten Reduzierung von Treibhausgasen soll die globale Erwärmung auf 2 °C begrenzt werden.

Die weitaus größte Zahl der Klimaforscher prognostiziert bei den gegenwärtigen, weltweiten CO_2-Emissionen, dass die globale Durchschnittstemperatur im Zeitraum zwischen 2081 und 2100 um

2,6 bis 4,8 Grad Celsius über der von 2005 ansteigen wird.[2]

Auch in der Vergangenheit lokalisieren Klimaforscher zum Teil gravierende Temperaturschwankungen, die insgesamt allerdings langsamer abliefen, sodass sich die Natur besser darauf einstellen konnte. Allgemein wird davon ausgegangen, dass frühere Wärmephasen die Erde durchschnittlich um rund 1 Grad in 1000 Jahren aufheizte. Bei einem unveränderten Anstieg der Temperatur mit jetziger, sich beschleunigender Geschwindigkeit könnte es zu einer Steigerung von 5 Grad in nur 100 Jahren kommen. An einen solch raschen Wandel könnten sich Pflanzen und Tiere nur schwer gewöhnen. Außerdem würden die zu erwartenden meteorologischen Umwälzungen höchstwahrscheinlich zu Schäden in Höhe von 5 % des weltweiten Bruttosozialprodukts führen.

Klima-Jahr 2019

Wie kein anderes Thema dominierte 2019 die drohende Klimaerwärmung die Berichterstattung der deutschen Medien. Praktisch jeder, dem irgendeine gesellschaftliche Bedeutung zugesprochen wurde, äußerte sich in diesem Jahr in irgendeiner Weise zum Klimaschutz. Der feste Vorsatz, möglichst viel klimaschädliches CO_2 einzusparen, wurde in manchen Fällen geradezu zu einer Manie. Geschäftsleute und Kunden fühlten sich herausgefordert, *klimaneutrale* Produkte anzubieten bzw. zu kaufen. Jedes Verhalten wurde auf dessen mögliche CO_2-Emission hin überprüft. Auch sachlich weit entfernte Themen wurden plötzlich unter diesem Gesichtspunkt ganz neu verhandelt. Sogar Kinderlosigkeit wurde als klimagerechtes Verhalten propagiert, vorgeblich weil Kinder im Laufe ihres Lebens sowohl atmen als auch viele Güter konsumieren würden, bei deren Herstellung dann CO_2 freigesetzt wird. Vegane Ernährung wurde 2019 nicht mehr nur mit religiösen, gesundheitlichen oder Tierschutz-Argumenten begründet, sondern mit dem CO_2, das die Tiere ausatmen und das beim Anbau ihrer Futtermittel anfällt.

Bereits im Dezember 2018 wurden in Deutschland einige kleinere Demonstrationen veranstaltet. Am 18. Januar 2019 beteiligten sich daran schon etwa 25 000 Menschen an 50 Orten. Angespornt durch Vorbilder aus Skandinavien und die Berichterstattung der Medien organisierten sich insbesondere junge Leute über soziale Netzwerke und Messengerdienste. Innerhalb kürzester Zeit entstanden bis Ende Februar 155 Ortsgruppen von *Fridays for Future* (FFF), einer Bewegung, die jeden Freitag durch Demonstrationen auf die drohenden Schäden der Klimaerwärmung aufmerksam machen will. Bis zum Herbst 2019 stieg die Zahl der Demonstranten in Deutschland auf 1,4 Millionen und die Zahl der FFF-Gruppen auf 600. Zwischenzeitlich gehörte es für engagierte Bürger bereits zum guten Ton, für eine umfassende CO_2-Reduzierung zu kämpfen.[3]

Fridays for Future – Demonstration, Dresden, 15. März 2019

Dank hervorragender Lobbyarbeit bekam die Klimaerwärmung ab dem Frühjahr 2019 auch höchste politische Priorität. Insbesondere deshalb erhielten *Die Grünen* bei der Europawahl mehr als 20 % der Stimmen. Auch Bundeskanzlerin Angela Merkel erklärte die Klimapolitik plötzlich zur Chefsache. Das Schulschwänzen zehntausender, von ihren Lehrern dazu ermutigter Kinder und Jugendlicher führte zu erhitzten öffentlichen Diskussionen. Manche Schüler argumentierten überspitzt, dass ihnen die ganze Bildung schließlich wenig nütze, wenn die Welt sowieso bald untergehe. Immer stärker wurde die Klimaerwärmung im Laufe des Jahres politisch, weltanschaulich und wirtschaftlich instrumentalisiert. Sachdiskussionen und Fakten traten zunehmend in den Hintergrund, weshalb sich vollkommen übertriebene Schreckensszenarien eines *Klimanotstandes* etablieren konnten. Nach und nach tat sich in der Gesellschaft eine tiefe Spaltung auf. Die einen waren tödlich genervt durch das tägliche mediale Bombardement mit weiteren Schreckensmeldungen zur Lage des Klimas. Plötzlich wurde alles vom Urlaub über die Ernährung bis zum Musikgeschmack vor allem unter einem Klimaaspekt behandelt. Für einen anderen Teil der Bevölkerung wurde das Klima zum wichtigsten, alles andere überdeckenden Thema. Jeder, der keine drastischen Maßnahmen zur CO_2-Senkung unterstützte, galt ihnen als schlechter Mensch, *Klimaleugner* oder zumindest als hoffnungslos ignorant.[4]

Eine häufig geäußerte Kritik an den vorwiegend jugendlichen Klima-Demonstranten waren deren begrenzte Sachkenntnis und ihr oftmals klimabelastender, persönlicher Lebensstil, der nicht ganz unbegründet den Eindruck mangelnder Ernsthaftigkeit oder gar Heuchelei hervorrief. Beispielsweise warf der Bundestagsabgeordnete Stefan Müller (CSU) der bekannt gewordenen deutschen Kima-Aktivistin Luisa Neubauer offen Doppelmoral vor: „Regierung und Politiker für angeblich fehlendes Engagement beim Klimaschutz zu attackieren, aber mit 23 mehr Kontinente bereist zu haben als die meisten Deutschen, ist doch etwas unglaubwürdig."

Eine besondere Zuspitzung der Klimadiskussion als verkappter Generationenkonflikt erfuhr die äußerst emotional geführte Auseinandersetzung durch eine satirisch gemeinte Sendung des *Westdeutschen Rundfunks*. In einem kurz nach Weihnachten vom WDR veröffentlichten Video sang ein Kinderchor von 30 Mädchen: „Meine Oma fährt im Hühnerstall Motorrad. Das sind tausend Liter Super jeden Monat. Meine Oma ist ‚ne alte Umweltsau." In einer anderen Strophe hieß es dann: „Meine Oma fährt mit 'nem SUV beim Arzt vor, überfährt dabei zwei Opis mit Rollator." Auch die Themen „billiges Discounterfleisch" und „Kreuzfahrten" wurden polemisch aufgegriffen: „Meine Oma brät sich jeden Tag ein Kotelett [...] Weil Discounterfleisch so gut wie gar nichts kostet, meine Oma ist 'ne alte Umweltsau." Nur wenige Stunden nach Veröffentlichung des Videos erreichten den Sender tausende Rückmeldungen erboster Zuschauer.[5]

An Greta scheiden sich die Geister

Zur internationalen Ikone der Klimabewegung wurde 2019 die 16-jährige schwedische Schülerin Greta Thunberg. Im Sommer 2018 hatte die Tochter der Opernsängerin Malena Ernman und des Schauspielers Svante Thunberg jeweils freitags einen „Schulstreik für das Klima" vor dem schwedischen Parlament organisiert, der schon sehr bald die Aufmerksamkeit der Medien erregte. Im Sommer 2019 schloss sie die 9-jährige Grundschule ab und plante eine einjährige Kampagne zur massiven Propagierung einer strengeren Klimapolitik. Thunberg forderte, dass die reichen Industrienationen ihre CO_2-Emissionen innerhalb von 10 Jahren auf null reduzieren und jede Förderung von Kohle und Öl vollkommen einstellen sollen. Im Rahmen dieser Aktion trat sie weltweit auf zahlreichen Klima-Demonstrationen auf und sprach unter anderem bei der *Europäischen Union* in Brüssel, auf dem *Weltwirtschaftsforum* in Davos und bei den *Vereinten Nationen* in New York. Dieses intensive Klima-Engagement half ihr, eigenen Aussagen zufolge, Essstörungen und Depression zu überwinden.[6]

Greta Thunberg vor dem schwedischen Parlamentsgebäude in Stockholm im August 2018

Unter anderem äußerte Thunberg in Hinsicht auf ihre Werbekampagne, dass sie die Menschen damit in Panik versetzen will. „Was ich auf dieser Konferenz zu erreichen hoffe, ist die Erkenntnis, dass wir einer existenziellen Bedrohung ausgesetzt sind. Dies ist die größte Krise, in der sich die Menschheit je befunden hat. Zuerst müssen wir dies erkennen und dann so schnell wie möglich etwas tun, um die Emissionen aufzuhalten, und versuchen, das zu retten, was wir noch retten können."[7]

Gelegentlich griff Thunberg auch alle aus ihrer Sicht noch zu Zögerlichen direkt an. Gerne definiert sie sich als Sprecherin der Jugend. Ihrer Polarisierung entsprechend sind alle jüngeren Menschen für die von ihr propagierte Form des Klimaschutzes, während Ältere die Welt aufgrund ihrer Genusssucht mutwillig in den Abgrund steuern. „Wir Kinder tun normalerweise nicht das, was Erwachsene uns sagen. Wir tun es ihnen nach. Und nachdem ihr auf meine Zukunft scheißt, scheiße ich auch darauf."[8]

Aufgrund ihrer Vehemenz und ihres Einflusses wurde Thunberg mit zahlreichen Preisen geehrt, unter anderem mit dem *Alternativen Nobelpreis* 2019 (*Right Livelihood Award*). Neben der zum Teil massiven und auch polemischen Kritik an der Schülerin erfuhr sie von Politikern und Medien zumeist große Sympathie und Zustimmung. Für das amerikanische Nachrichtenmagazin *Time* gehört Thunberg zu den 100 einflussreichsten Persönlichkeiten des Jahres 2019.[9]

Der Klima-Pakt 2019[10]

Zur globalen Klimarettung soll das 2019 von der Bundesregierung beschlossene *Klimaschutzprogramm* beitragen. Dabei geht es um eine „gesamtgesellschaftliche Kraftanstrengung zum Klimaschutz".

Darin hat sich die Bundesregierung unter anderem vorgenommen, fossile Brennstoffe wie Benzin, Diesel, Heizöl und Erdgas schrittweise deutlich zu verteuern. Ab 2021 sollen für sogenannte Verschmutzungsrechte 10 EUR je Tonne CO_2 in die Staatskasse abgeführt werden. Bis 2025 soll die Summe auf 35 EUR ansteigen. Mit dieser Maßnahme will die Bundesregierung 19 Milliarden EUR zusätzlich einnehmen. Parallel dazu steigen die bislang schon üppigen Steuern von rund 70 % bei Benzin noch einmal spürbar an. Wie es danach weitergeht, ist bislang noch offen.

Die zusätzlich eingenommenen Milliarden sollen unter anderem zur höheren Subventionierung der *Deutschen Bundesbahn* verwendet werden. Deren Tickets im Fernverkehr werden zukünftig mit 7 statt wie bisher mit 19 % Mehrwertsteuer belegt. Außerdem sollen die Käufer von Elektrofahrzeugen staatlich deutlich bezuschusst werden. Wer mehr als 21 Kilometer zur Arbeit fährt, darf im Rahmen dieses Maßnahmenpakets künftig 5 Cent zusätzlich in seiner Steuererklärung geltend machen (Fahrtkostenpauschale).

Darüber hinaus will die Bundesregierung den Ausbau von E-Ladestationen für PKWs vorantreiben und die Weiterentwicklung der Brennstoffzellentechnik fördern. Käufer von Elektrofahrzeugen sollen beim Kauf und Betrieb mit 6000 EUR bezuschusst und außerdem von der KFZ-Steuer befreit werden. Flugreisen werden im Gegenzug verteuert.

Der Einbau von Ölheizungen ist ab 2026 verboten, insofern die Möglichkeit einer klimafreundlichen

Alternative besteht. Die Installation umweltfreundlicher Heizungen wird künftig noch stärker finanziell unterstützt. Bisherige Förderungen für die energetische Sanierung und Isolierung alter Gebäude sollen weitergeführt und aufgestockt werden.

Während der Ökostrom ausgebaut werden soll, wird die EEG-Umlage zur Förderung des Ökostroms ab 2021 gesenkt. Vor allem ist geplant, zahlreiche neue Windkraftanlagen in Betrieb zu nehmen. Um die Akzeptanz für neue Windräder zu erhöhen, erhalten Kommunen künftig eine finanzielle Beteiligung am Betrieb von Anlagen. Flächendeckend soll die Öko-Landwirtschaft stärker mit staatlichen Mitteln subventioniert werden.

Kommentatoren aller politischen Lager bemängeln das Klimaschutzprogramm der Bundesregierung. Zwar finden sich unter den zahlreichen Einzelmaßnahmen durchaus einige zukunftsweisende Ideen. Vor allem geht das Gesetzespaket aber auf Kosten der einfachen Bevölkerung. Geringverdiener, die sich kein neues Elektroauto und auch keine topmoderne Heizung leisten können, werden durch neue Steuern zur Kasse gebeten. Wer über genügend Finanzen verfügt und sich öfter ein neues Auto anschaffen kann, wird mit staatlichen Geldgeschenken belohnt. Wer beruflich oder privat mit dem Auto fahren muss, wird das auch weiterhin tun. Wer genügend Geld für einen großen, verbrauchsstarken Wagen hat, wird die Benzinpreiserhöhung wegstecken, ohne deshalb weniger Kilometer zurückzulegen. Zu einem relevanten Abbau der CO_2-Emissionen wird dieses neue Gesetzespaket sicher nicht beitragen.[11]

Auch jenseits des *Klimaschutzprogramms* der Bundesregierung überbieten sich Spitzenpolitiker seit 2019 fast täglich mit neuen Forderungen zur Rettung des Klimas. Zumeist garantieren diese Äußerungen eine positive Meldung in den Medien, selbst wenn der Vorschlag reichlich unausgegoren ist und schlussendlich nicht wirklich etwas verbessert. Aber die entsprechenden Politakteure werden aufgrund ihrer Vorschläge positiv in der Öffentlichkeit genannt. Insbesondere in der CDU-Fraktion ging es 2019 vor allem darum, das Image weitgehender Gleichgültigkeit Klimafragen gegenüber loszuwerden. Nach verheerenden Stimmenverlusten der SPD schaut man sich bei der CDU aktiv nach einem neuen potentiellen Koalitionspartner für die nächste Bundestagswahl um. Da die FDP zu wenige Wähler anzieht und eine Koalition mit der AfD momentan politisch unmöglich ist, bleibt realistisch gesehen nur eine Zusammenarbeit mit den *Grünen*. Zur Vorbereitung auf diese Koalition inszeniert sich die CDU deshalb momentan als progressive Ökopartei.[12] Im Wettbewerb um die klimafreundlichste Politik forderte die Berliner Umweltsenatorin Regine Günther von den Grünen beispielsweise ein totales Fahrverbot für Benziner und Diesel ab 2035.[13] Selbstverständlich beteuern zwischenzeitlich auch immer mehr Sprecher großer Unternehmen, dass der Klimaschutz bei ihnen ganz besondere Aufmerksamkeit genießt. Alles, was man bisher schon immer getan hat, wird daraufhin überprüft, ob es nun auch als Werbeargument für das eigene Engagement in Ökofragen taugt.[14]

FAKTEN

Angesichts täglicher Warnungen vor den katastrophalen Auswirkungen einer ungebremsten Klimaerwärmung scheint es müßig, diesen Punkt genauer zu beleuchten. In zahlreichen Stellungnahmen sind konkrete Angaben und Daten allerdings Mangelware. Vieles bleibt reichlich schwammig in Allgemeinplätzen stecken. Deshalb sollen hier kurz die wichtigsten negativen Folgen und möglichen positiven Chancen höherer Durchschnittstemperaturen skizziert werden.

Die meisten Angaben über die Folgen der Klimaerwärmung basieren auf statistischen Daten und Computermodellen. Deren Zuverlässigkeit hängt gewöhnlich von der Berücksichtigung möglichst vieler relevanter Faktoren und Entwicklungen ab. Nur bedingt können sie als zuverlässige, wissenschaftliche Zukunftsbeschreibungen angesehen werden.[15] Trotzdem bilden sie natürlich die Grundlage gegenwärtigen politischen Handelns.

Prognostizierte Schäden der Klimaerwärmung

Erwartet wird zumeist eine Erhöhung der globalen Durchschnittstemperatur zwischen 1,5 und 4,5 °C bis zum Jahr 2100. Als Folge des damit verbundenen Abschmelzens einiger Teile des arktischen und antarktischen Eises sowie vieler Gletscher wird mit einem Anstieg des Meeresspiegels um durchschnittlich 1,10 m gerechnet. In der Antarktis erhöhte sich die mittlere Temperatur seit dem 19. Jahrhundert um geschätzte 0,2 °C. Gleichzeitig ist hier aufgrund verstärkten Schneefalls seit Jahren eine Ausdehnung des Eises zu beobachten. Im Winter 2007 erreichte die Fläche des antarktischen Meereises die größte Ausdehnung seit Beginn der Messungen.[16] In der Arktis sind die Auswirkungen der Klimaerwärmung deutlicher zu spüren. Alle zehn Jahre reduziert sich die arktische Eisfläche derzeit um 1,5 bis 2,0 %.[17]

Voraussichtlich werden vor allem die tiefergelegenen Küstengebiete durch einen nennenswerten Anstieg des Meeresspiegels überschwemmt. Vermehrte Sturmfluten würden den Computersimulationen zufolge deutlich größere Schäden hervorrufen. Weltweit wird die dauerhafte Überflutung von 150 000 km^2 tiefliegender Landfläche erwartet. Will man die Bewohnbarkeit dieser Landstriche und der großen Hafenorte erhalten, müssten diese durch Dämme und Kanäle aufwändig geschützt werden. Dadurch würden langfristig geschätzte Folgekosten von 12 Billionen US-Dollar pro Jahr verursacht.[18]

Gefährdete Inseln, beispielsweise Palau, Pazifischer Ozean

Der Anteil großer Mengen Süßwassers im Atlantik durch abschmelzendes Polareis und die gleichzeitige generelle Erwärmung des Meeres könnte zu einer zeitweiligen Unterbrechung des *Golfstroms* führen, was wiederum eine erhebliche Abkühlung der Temperaturen in Europa zufolge hätte.[19] Wetterextreme, insbesondere Hitzewellen, sind nach Auffassung vieler Klimaforscher zukünftig deutlich häufiger zu erwarten.[20] Mit höheren Temperaturen und regional längeren Phasen von Trockenheit steigt in diesen Gebieten auch das Waldbrandrisiko deutlich an.[21]

Niederschlagsbedingte Wetterextreme wie Überschwemmungen oder Dürren können auf einer erwärmten Erde je nach Region zu- oder abnehmen, zumindest während der länger andauernden Phase der Umstellung. Aktuellen Klimasimulationen entsprechend werden beispielsweise für Europa mehr Niederschläge im Winter erwartet. In Mittelamerika, Ostafrika, Australien und Japan sollen die Niederschläge insgesamt zurückgehen. Mehr Regen wird für Teile Lateinamerikas und Westafrikas sowie den pazifischen Raum erwartet. Wesentlich häufiger als bisher soll es dann zu katastrophalem Starkregen kommen.[22]

Es gibt vage Hinweise darauf, dass durch erwärmtes Oberflächenwasser die Intensität tropischer Wirbelstürme zunimmt. Einige Forscher aber führen die momentan etwas größere Stärke dieser Stürme auf genauere Messmethoden zurück. Ein ganz eindeutiger Trend lässt sich im Verlauf der vergangenen 100 Jahre nicht erkennen. [23]

Algen und Plankton finden bei einem zunehmenden Zufluss von Düngern durch die Landwirtschaft ins Meer und steigenden Temperaturen ideale Lebensbedingungen. Einerseits wächst damit das Futterangebot einiger im Wasser lebender Arten. Andererseits fördert es aber auch ein starkes Wachstum giftiger Algenarten, die Fische töten und ganze Meeresgebiete nachhaltig schädigen könnten.[24]

Viele Forscher erwarten durch die rasche Veränderung von Ökosystemen ein mittelfristiges Aussterben von 16 % aller Arten. Das betrifft insbesondere sehr temperatursensible Pflanzen und Tiere sowie stark ortsgebundene Populationen und Arten, deren Konkurrenten und Fressfeinde bei steigenden Temperaturen stark zunehmen.[25] Infolge deutlich erhöhter Temperaturen sind die Lebensräume empfindlicher Arten gefährdet. Dazu gehören beispielsweise Eisbären, Pinguine, Egel und Seeigel.[26]

Einige Tiere haben Probleme, sich auf den früheren Beginn des Frühlings und damit auf die Verschiebung gewohnter Nahrungsressourcen (Blüten,

Insekten) einzustellen. Zu dem von ihnen erfahrungsgemäß erwarteten Zeitpunkt leiden sie deshalb unter Nahrungsmangel. Möglicherweise verlagern sich einige Populationen nördlich, wo die früheren klimatischen Zustände weiterhin bestehen.[27] Aufgrund eines geringeren Sauerstoffgehalts im Wasser könnte das Planktonwachstum negativ beeinflusst werden, das die Nahrungsgrundlage zahlreicher Wassertiere bildet.[28]

Wärme- und trockenheitstolerante Baumarten wie Buche, Eiche oder Ahorn werden vermutlich zunehmend Nadelbäume ersetzen. Waldbrände könnten bei deutlich erhöhten Temperaturen häufiger werden. Schädlinge wie Eichenprozessionsspinner und Borkenkäfer würden regional zu einer noch größeren Plage. Aufgrund höherer Temperaturen könnte es leicht auch zu einer größeren Ausdehnung und Schwere von Getreidekrankheiten kommen.[29]

In Europa werden Trockenzeiten mit dem erwarteten Klimawandel voraussichtlich häufiger und intensiver. Viele Pflanzenarten vertragen ein solches Klima nicht. Durch den Klimawandel drohen Waldsysteme auf der nördlichen Erdhalbkugel zu kippen und einen sich selbst beschleunigenden Klimawandel in Gang zu setzen. Das betrifft aus gegenwärtiger Sicht insbesondere temperaturempfindliche Nadelbäume. Dürrezeiten und häufigere Wetterextreme könnten auch die weltweite Nahrungsmittelproduktion nachhaltig schädigen. Durch bereits deutlich verkleinerte Gletscher geht die sommerliche Wassermenge der Gletscherflüsse zurück, weshalb in regenarmen Gebieten ein verstärkter

Wassermangel auftritt, der mittelfristig gesehen die Landwirtschaft und das Alltagsleben negativ beeinflussen könnte.

Weil beispielsweise in Russland radioaktiver Müll in der Vergangenheit unter dem ewigen Eis deponiert wurde, könnte bei einem weiteren Abtauen das mit Radioaktivität belastete Schmelzwasser bis zum Meer vordringen und dort ganze Ökosysteme schädigen.

Höchstwahrscheinlich hat die Klimaerwärmung auch ganz unmittelbare Auswirkungen auf den Menschen. Deutlich erhöhte Temperaturen tragen insbesondere bei kranken und alten Menschen zu einer größeren gesundheitlichen Gefährdung bei.[30] Durch ein vermehrtes Auftreten von Hitzewellen müsste mit steigenden Sterberaten gerechnet werden.[31] In vielen nördlichen Regionen wird es gleichzeitig aber auch zu weniger Toten durch Erfrieren kommen. Für Großbritannien hätte eine begrenzte, regionale Erwärmung etwa 2 000 zusätzliche Hitzetote sowie 20 000 weniger Kältetote zur Folge.[32]

Der Meeresspiegel steigt seit Jahren kontinuierlich. Weltweit werden einige Küstenregionen in den nächsten Jahrzehnten vom Ozean verschluckt. Weite Landstriche und ganze Inseln werden voraussichtlich im Meer versinken, wie etwa in Bangladesch. Davon wären ungefähr 800 Millionen Menschen direkt betroffen. Zunehmende Trockenheit und steigende Meeresspiegel werden gerade in ärmeren Regionen der Welt zu größeren Sachschäden und damit zu einer massiven finanziellen Belastung führen.[33]

Ein generell wärmeres Klima begünstigt darüber hinaus die Ausbreitung tropischer und subtropischer

Krankheitserreger. Von Moskitos übertragene Krankheiten wie Malaria und Dengue-Fieber werden demnach zukünftig wesentlich mehr Todesopfer fordern.[34]

Der *Wissenschaftliche Beirat der Bundesregierung Globale Umweltveränderungen* (WBGU) benennt vier klimabedingte Faktoren für das Zunehmen militärischer Konflikte im Zusammenhang mit der Klimaerwärmung: Degradation von Süßwasserressourcen, Rückgang der Nahrungsmittelproduktion, klimabedingte Zunahme von Sturm- und Flutkatastrophen und umweltbedingte Migration.[35] Das *UN-Flüchtlingshilfswerk* geht in der Folge von rund 250 Millionen Klimaflüchtlingen bis zum Jahr 2050 aus.[36]

Chancen der Klimaveränderung

Zu einer korrekten Beurteilung eines Sachverhalts gehört gewöhnlich eine Darstellung und Abwägung verschiedener Optionen sowie der Vor- und Nachteile einer Entwicklung. Deshalb erstaunt es umso mehr, dass in der breiten Öffentlichkeit die offenkundigen Vorteile eines milderen Klimas fast nie erwähnt werden. Ganz im Gegenteil ist es zuweilen so, dass jeder, der von möglichen Chancen des Treibhauseffekts spricht, schnell als „Klimaleugner" oder gefährlicher Ignorant diffamiert wird. Dabei liegen gewisse Vorteile höherer globaler Temperaturen durchaus auf der Hand.

Gut begründete Forschungsergebnisse weisen darauf hin, dass viele Wüstengebiete bei einer Klimaerwärmung wieder fruchtbarer werden könnten. 4000 v. Chr. waren weite Teile der Sahara von Flüssen durchzogen. Eine baumbestandene Grassteppe lieferte den Lebensraum für zahlreiche Tiere. Nach einer deutlichen Abkühlung des Klimas blieb der Monsunregen aus, wodurch die Region austrocknete, resümiert der Geoarchäologe Stefan Kröpelin von der Universität Köln. Bei relativ gleichbleibendem Klima hielt sich dieser Zustand in den vergangenen 2000 Jahren. Im Rahmen der Klimaerwärmung geht die afrikanische Wüste seit den 1980er Jahren beständig zurück. Sollte sich dieser Trend zu einem erneuten Anwachsen der Grünfläche weiter fortsetzen, würde das die Nahrungsmittelversorgung für viele Millionen Menschen deutlich verbessern.[37] „Die globale Erwärmung zeigt hier eine segensreiche Wirkung." Im Gegensatz zu computerbasierten Klimamodellen liefert die Erdgeschichte Informationen über real stattgefundene Klimaveränderungen, deren Auswirkungen immer Gewinner und Verlierer kannte.[38]

In Kolumbien und Venezuela fanden Forscher Versteinerungen eines tropischen Urwalds. Nach einem deutlichen Temperaturanstieg von mehr als 5 Grad starben viele Bäume. Genauere Untersuchungen belegten gleichzeitig aber eine deutliche Zunahme biologischer Vielfalt. Studienleiter Carlos Jaramillo vom *Smithsonian Tropical Research Institute* in Panama kommt zu diesem Ergebnis: „Pflanzen verfügen über die genetische Variabilität, um mit hohen Temperaturen und hohem Kohlendioxidgehalt zurechtzukommen. [...] Das momentan größere Problem für sie ist nicht die globale Erwärmung, es ist vielmehr die Abholzung."[39]

„Artenverluste in beträchtlichem Umfang haben gewöhnlich immer die Kaltzeiten gebracht." Generell gelte: „Je wärmer ein Lebensraum ist, desto artenreicher ist er", meint der Münchener Ökologe und Evolutionsbiologe Josef Reichholf.[40] Weiten Teilen der Klimaschutzbewegung wirft Reichholf Dogmatismus und Kritikunfähigkeit vor. Er fordert einen deutlich nüchterneren Umgang mit wissenschaftlichen Befunden. Viele populäre Äußerungen zum Klimaschutz bezeichnet er als „Katastrophismus" und fordert, „die falschen ökologischen Propheten" für die wirtschaftlichen und politischen Folgen ihrer düsteren Prognosen zur Rechenschaft zu ziehen.

Bei höheren Temperaturen würden zahlreiche Tier- und Pflanzenarten sich auch in nördlicheren Regionen verbreiten, ist Reichholf überzeugt. Hier käme es dann zu einer deutlich größeren Artenvielfalt. Bereits in den vergangenen Jahren sind beispielsweise in Deutschland weit mehr Tier- und Pflanzenarten heimisch geworden als durch die Klimaerwärmung verdrängt wurden. Eine größere Biodiversität wird gemeinhin als positiv gewertet.[41]

Vor gut 1000 Jahren stiegen die durchschnittlichen Temperaturen deutlich – und damit auch der Lebensstandard. In dieser Zeit des Mittelalters waren die Ernteerträge außerordentlich hoch. In England und Norddeutschland bauten die Menschen Wein an. Die Wikinger siedelten ab 982 in Grönland, das sie „Grünland" tauften. Um 1300 ging diese Warmphase dann zu Ende und die Menschen verließen jene nördlichen Gebiete wieder. Selbst bei der momentan zu beobachtenden Klimaerwärmung sind die Verhältnisse in

Grönland und Nordeuropa noch nicht mit denen vor 1000 Jahren zu vergleichen.[42]

Auch renommierte Forscher wie Gerd Ganteför von der Universität Konstanz weisen darauf hin, dass die Klimaerwärmung nicht nur Probleme, sondern auch Chancen mit sich bringt. Viele Pflanzen und Tiere könnten sich demnach bei höheren Temperaturen neue Lebensräume erschließen.[43] Bisher nur schwer zugängliche Kälteregionen würden für den Menschen zukünftig landwirtschaftlich nutzbar.[44] Das betrifft beispielsweise riesige Flächen in Kanada und Russland, die bisher aufgrund langanhaltenden Frosts nicht für Getreide- oder Zuckerrübenanbau geeignet waren.[45] „Im menschenleeren nördlichen Ural zeigen sich die klimabedingten Veränderungen besonders deutlich: Wo es vor 40 Jahren noch offene Tundra gab, wachsen heute junge Wälder auf", gibt Peter Bebi von der *Eidgenössischen Forschungsanstalt für Wald, Schnee und Landschaft* zu bedenken.[46]

Neue landwirtschaftlich nutzbare Flächen: Westsibirisches Tiefland

Aufgrund der zu erwartenden Verschiebung der Klimazonen werden in vielen Gebieten der Erde neue Pflanzen heimisch. Beispielsweise könnte in Großbritannien Weinanbau möglich werden und in Südeuropa Dattelpalmen und Agaven.[47]

Der CO_2-Anteil in der Atmosphäre erhöhte sich von vorindustriellen 280 ppm (Partikel pro Million Luftteilchen) auf derzeit 387 ppm. Dieser Wert ist außerordentlich hoch, wurde in der Erdgeschichte aber auch schon mehrfach deutlich übertroffen. Für die Pflanzenwelt bedeutet das zusätzliche CO_2 erst einmal ein vermehrtes Nährstoffangebot. Kohlendioxid (CO_2) ist „ein unverzichtbarer Baustein der Photosynthese und damit Grundlage allen Lebens", betont Hans-Joachim Weigel, Leiter des staatlichen *Johann Heinrich von Thünen-Instituts für Biodiversität*. „Die meisten Kulturpflanzen wie Reis, Weizen, Gerste und Kartoffeln reagieren auf einen CO_2-Anstieg mit einer erhöhten Photosyntheserate und damit verstärktem Wachstum."[48] Versuche mit einem für 2050 noch einmal erhöhten CO_2-Gehalt der Luft erbrachten einen um 15 % erhöhten Ernteertrag bei verschiedenen Getreidesorten.

Höhere Meerestemperaturen führen zu einer größeren Verdunstung. Die daraus folgende, deutlich verstärkte Wolkenbildung vermindert eine direkte Sonneneinstrahlung und fördert so die Landwirtschaft. Außerdem ist damit zu rechnen, dass infolge höherer Verdunstung in vielen Teilen der Welt die durchschnittliche Niederschlagsmenge zunimmt. Bei entsprechender Speicherung des Regenwassers könnten damit Gebiete genutzt werden, die bislang noch zu trocken sind.

Höhere Temperaturen führen in kalten und gemäßigten Zonen zu einer deutlichen Einsparung von Heizenergie. Bei weniger Schnee und Glatteis kommt es zu einem geringeren Verbrauch von Streusalz, das anderenfalls den Boden belastet. Außerdem ist infolge seltenerer Glätte mit weniger Unfällen und Personenschäden zu rechnen. Ein Abtauen weiter Landflächen in Grönland, Kanada und Russland ermöglicht außerdem die leichte Erschließung der dort lagernden Bodenschätze.

Eine eisfreie Nordwest-Passage sorgt für die Abkürzung der Schifffahrtsroute zwischen dem Pazifik und Atlantik. Dadurch wird die Weltwirtschaft gefördert und die Schadstoff-Emissionen durch die Schifffahrt reduziert.[49]

Mit dieser Aufzählung sollen die bei einer Klimaerwärmung zu erwartenden Probleme selbstverständlich nicht heruntergespielt werden. Für die möglichst zutreffende Einordnung eines Sachverhalts ist es aber absolut notwendig, möglichst viele relevante Aspekte zu berücksichtigen. Einseitige Darstellungen können natürlich für eigene politische Zwecke wesentlich besser instrumentalisiert werden. Längerfristig führen sie zumeist aber auch zu unerwünschten Nebenwirkungen oder tragischen Fehlentscheidungen.

GLAUBWÜRDIGKEIT

Immer mehr Menschen ziehen sich momentan in ihr eigenes Welterklärungsmodell zurück, das sie kontinuierlich durch eigene Internetzirkel bestätigen. Alle, die nicht zum eigenen „Stamm" gehören, werden dann schnell als Feinde betrachtet und bekämpft. Extreme Linke ebenso wie extreme Rechte, Tierschützer und Klimaaktivisten oder Islamisten halten beinahe jedes Mittel für gerechtfertigt, um ihre Weltsicht durchzudrücken, bzw. die Welt vor einer vermeintlichen Katastrophe zu schützen.

Dem solventen Kunden bietet man beispielsweise Klimaneutralität durch Pflanzung von Bäumen, die sonst größtenteils auch gesetzt worden wären, nur dann mit deutlich geringerem verwaltungstechnischem Aufwand und mit weit weniger öffentlicher Aufmerksamkeit. Oftmals geht es hier weniger um die Unterstützung der Natur als um Strategien zur Gewissensentlastung wohlhabender Europäer, die ihren klimaschädlichen Lebensstil beruhigt beibehalten können, wenn sie dafür dann etwas mehr bezahlen.

Bezahlte Demonstranten

Die *Fridays for Future*-Demonstrationen sollen die einmütige Empörung breiter Bevölkerungsteile gegen die vorgebliche Tatenlosigkeit der Politik drastisch vor Augen führen. Allen Unentschiedenen sollen diese Kundgebungen zeigen, dass sie hier einen wichtigen gesellschaftlichen Trend verpassen und dass es sich aufgrund der starken Beteiligung wohl um ein sehr wichtiges Anliegen handeln muss. Auf gesellschaftliche Entscheidungsträger aus Wirtschaft und Politik wird so ein massiver Druck ausgeübt. Ihnen gegenüber senden die Massendemonstrationen eine eindeutige Botschaft aus: „Wenn ihr auch morgen noch bestimmen wollt, solltet ihr schleunigst auf unsere Forderungen eingehen."

Weil diese Veranstaltungen aber gleichzeitig als unterhaltsame Events konzipiert sind, finden sich unter den Demonstranten äußerst viele Mitläufer, denen lediglich die kräftige Aufbruch-Atmosphäre gefällt. Viele sind per se gegen die Regierenden, gegen die Industrie und für alles, was auch nur den Anschein von Natur und alternativem Lebensstil hat. Sie sind demonstrationserprobt und sehen eine weitere Möglichkeit, ihrer allgemeinen Unzufriedenheit Luft zu machen. Gesellschaftliche Verantwortung tragen vor allem die anderen: „Die da oben" müssen jetzt unbedingt etwas ändern. Außer einigen medial vermittelten Schlagworten bringt man gewöhnlich aber nur wenig konkrete Kenntnisse über den Treibhauseffekt und über realitätsnahe Lösungen mit.

Die medial gefeierten *Fridays for Future*-Kundgebungen verlieren natürlich an Glaubwürdigkeit, wenn bekannt wird, dass Demonstranten teilweise für ihre Teilnahme bezahlt wurden. In Leipzig beispielsweise bekamen Statisten 50 EUR für ihren Auftritt bei *Fridays for Future*. Dazu erhielten sie genaue Anweisungen. Die bezahlten Demonstranten sollten in schwarzer Kleidung mit weißer Maske erscheinen und provokante Transparente hochhalten. Diese Inszenierung war auch prompt erfolgreich. Gerade diese Ökoaktivisten schafften es durch ihren effektvollen Auftritt mit Bild und Text in die Berichterstattung der überregionalen Medien.[50]

„Ihr habt mir meine Kindheit/Jugend gestohlen!"

Mit diesem angriffigen Statement machten 2019 nicht nur Greta Thunberg, sondern auch andere jugendliche Klimaaktivisten von sich reden. Dieser Vorwurf klingt massiv und brutal. Denn wer hier angesprochen wird, entweder nur Politiker oder doch all diejenigen, die nicht sofort eine ökologische Revolution herbeizwingen, müssen geradezu Monster sein, wenn sie armen unschuldigen Kindern ihre Jugend rauben. Was unter „der geraubten Kindheit/Jugend" genau zu verstehen ist, bleibt allerdings reichlich unklar. Gemeint ist damit wahrscheinlich nicht, dass die betreffenden Jugendlichen zu Kinderarbeit gezwungen wurden, wie in Indien, oder als Kindersoldaten kämpfen mussten, wie in manchen afrikanischen Ländern, oder als Sexsklaven eines arabischen Millionärs lebten, bzw. mit generellem Spaßverzicht belegt wurden. Gemeint ist wohl auch nicht, dass Greta und Freunden verboten wurde zu lernen, einen Beruf zu wählen, zu feiern, Musik zu hören, sich zu befreunden oder Spielfilme zu sehen. Mit der prognostizierten Klimakatastrophe kann diese Aussage auch nur bedingt zu tun haben, denn wenn diese, wie prognostiziert, eintritt, werden die Demonstranten längst erwachsen sein.[51]

Sollten sie mit dem Vorwurf der „verlorenen Jugend/Kindheit" allen Ernstes meinen, die vorgeblich untätigen Politiker zwängen arme Jugendliche, als Klimaaktivisten zu demonstrieren, statt ordentlich zur Schule zu gehen, sich mit Freunden zu treffen oder neue saubere Technologie zu erfinden? Zweifellos kann es auch als große Last empfunden werden, wenn einen plötzlich alle relevanten Leute als Held feiern, nur weil man lautstark die Regierenden und überhaupt alle Erwachsenen beschimpft und ihnen den vorgeblichen Untergang der Welt anlastet.

Auch wenn das Demonstrieren wirklich ein so mühsames Geschäft sein sollte, könnte man doch zumindest ein bisschen ausgewogen bleiben und zwischendurch allen Verantwortlichen einmal so richtig danken, dass durch ihre Anstrengungen in den vergangenen hundert Jahren die Kindersterblichkeit rapide gesunken und die Zahl der Hungertoten weltweit massiv zurückgegangen ist, dass Jugendliche heute eine so große Freiheit bei Berufswahl, Partnerwahl oder Urlaubsgestaltung haben wie nie zuvor, dass die Meinungs- und Religionsfreiheit in Europa garantiert ist, dass Jugendliche im Vergleich zu vergangenen Jahrhunderten eine luxuriöse Ernährung, Gesundheitspflege, öffentliche Sicherheit, kostenfreie Bildung, weitgehende Gleichberechtigung, politische Mitbestimmung, zwischenstaatlichen Frieden und im weltweiten Vergleich sehr saubere Luft und Wasser usw. genießen können.

Wer propagiert: „Ihr habt mir meine Jugend gestohlen!", muss ehrlicherweise auch sagen: „Ihr habt mir eine reiche, freie und gesunde Jugend ermöglicht!" – Oder wollte Greta Thunberg am Ende einfach sagen: „Jetzt bin ich ein bisschen erwachsener geworden"?

Reduzierte Komplexität

Regelmäßig wurden bereits in vergangenen Jahrzehnten schwerwiegende ökologische Probleme öffentlichkeitswirksam benannt. Die dann vorgeschlagenen und mit entsprechendem politischem Druck umgesetzten Lösungen erwiesen sich mit etwas zeitlichem Abstand häufig aber selbst als ziemlich problematisch oder impraktikabel. [52]

Die über lange Zeit von der Ökobewegung massiv beworbenen Biokraftstoffe führten zu zahlreichen Motorschäden und Mehrverbrauch, vor allem aber zu einer massiven Verteuerung von lebenswichtigen Nahrungsmitteln in vielen Entwicklungsländern, weil die dort zur Verfügung stehende Anbaufläche nun nicht mehr der herkömmlichen Landwirtschaft zur Verfügung stand. Infolge des häufig einseitigen Anbaus von Energiepflanzen kam es darüber hinaus in einigen Ländern zu schwerwiegenden ökologischen Problemen, wie beispielsweise zu vermehrter Bodenerosion.

Das zur Müllvermeidung konzipierte Dosen- und Flaschenpfand hat mittlerweile zu einer drastischen

Zunahme von Einwegverpackung und einem deutlichen Rückgang von Mehrwegflaschen geführt.

Die einseitige Propagierung von Bioäpfeln hat zu langfristig geringeren Durchschnittserträgen beigetragen, weshalb nun mehr Obst importiert werden muss, mit CO_2-belastendem Transport. Detaillierten Untersuchungen zufolge wird für alle ab dem Frühsommer gekauften heimischen Bioäpfel, aufgrund ihrer mehrmonatigen Aufbewahrung in klimatisierten Lagerhäusern, mehr Energie und damit auch CO_2 aufgewendet als für die aus Neuseeland importierten Äpfel, die mit dem Schiff transportiert werden.

Nach dem Erscheinen von Rachel Carsons Bestseller *Der stumme Frühling* (1962) und den sich anschließenden massiven Ökoprotesten wurde das Pflanzenschutzmittel DDT fast weltweit verboten.

Kampf gegen Malaria und Dengue-Fieber mit chemischen Mitteln

Da kein vergleichbar effektives Insektenbekämpfungsmittel zur Verfügung stand, konnten sich daraufhin Malaria-Mücken in Afrika und Südamerika erneut stark verbreiten. Durch dieses DDT-Verbot kam es daher infolge vermehrter Malaria und anderer Erkrankungen zu durchschnittlich 1 Millionen Toten im Jahr. Aufgrund dieser außerordentlich hohen Opferzahlen wird seit einiger Zeit über den erneuten Einsatz von DDT debattiert.

Jahrelange, von der Ökobewegung angestrengte Kampagnen zur Wassereinsparung führten schließlich zu einem durchschlagenden Erfolg. Seitdem allerdings durch neue Toilettenspülungen, Wasserhähne usw. der Wasserverbrauch deutlich zurückgegangen ist, beklagen sich die Kommunen. Weil infolge der deutlich geringeren Wassermengen die Fließgeschwindigkeit stark abgesunken ist, kommt es wesentlich häufiger zu Verstopfungen und Beschädigungen der Kanalisation. Außerdem stinkt es gerade im Sommer bestialisch aus den städtischen Abwasserkanälen, weshalb viele Stadtwerke mit viel Frischwasser nachspülen.

Das bis heute von Ökoberatern beworbene Isolieren älterer Gebäude spart gewöhnlich zwar deutlich Heizmaterial. Andererseits wird nicht nur die Fassade beschädigt, häufig entsteht durch das Dämm-Material eine neue Brandgefahr. Außerdem tritt in stark gedämmten Gebäuden vermehrt Schimmel auf, der nicht nur gesundheitliche Risiken birgt, sondern darüber hinaus die Bausubstanz massiv schädigen kann.

Romantische Träume eines klimaneutralen Lebens

Mit exemplarischen Aktionen wird derzeit massiv für eine klimaneutrale Zukunft geworben. Bei genauerer Betrachtung stellt sich manches allerdings weit eher als Publicity-Gag denn als realitätsnahe Alternative heraus. Gelegentlich grenzt die Inszenierung sogar an Betrug. Manchmal scheint es auch in erster Linie um die Beruhigung des schlechten Ökogewissens der Besserverdienenden zu gehen.

Beispiel 1: CO_2-freier Welthandel mit dem Segelschiff [53]

Von den Medien wird Kapitän Cornelius Bockermanns *Avontuur* begeistert gefeiert: ein Segelschiff mit engagierter Besatzung, das klimaneutral befördert. Dieses Konzept wird derzeit als beispielhafte Alternative zu motorisierten Seetransporten vorgestellt, an dem man sich außerdem noch mit guter Rendite finanziell beteiligen kann. [54]

In Interviews polemisiert Bockermann gerne. Wenig überraschend kommt er zu dem Ergebnis, dass der Welthandel – und in seinem Fall insbesondere auch die Seetransporte – umweltschädlich sind. Als Alternative empfiehlt er, wieder auf die ökologisch einwandfreien Segelschiffe zurückzugreifen. Er wirbt dafür, das stinkende Schweröl der Frachter mit der kräftigen Brise des Seewindes zu vertauschen. Die Machbarkeit dieses Konzeptes will er gleichzeitig mit seinem Frachtsegler *Avontuur* beweisen. Vor allem geht es ihm um die „Rettung der Umwelt", beteuert der Kapitän.

„In Amerika, den Azoren und den Kanaren werden Genussgüter gekauft, eingeschifft und mit kräftiger Seefahrtsromantik, sanfter Kapitalismuskritik und kernigem Klimaargument für teuer Geld verkauft."[55] Wirtschaftlich ist der Betrieb eines Frachtseglers momentan vollkommen ineffektiv. Es besteht praktisch keinerlei Nachfrage nach dieser Dienstleistung. Lediglich einige exklusive Boutiquen, die sich auf hochpreisige, faire und ökologisch korrekte Güter spezialisiert haben, beauftragen Bockermanns Rederei *Timbercoast* mit dem Transport kleiner Mengen über den Atlantik. In diesem Umfeld lassen sich Waren, die als fair und klimaneutral gelten, deutlich besser an eine zahlungskräftige Kundschaft verkaufen. Dazu gehören Schokolade, Kaffee und andere Luxusgüter. Aufgrund des aufwändigen Transports muss man für eine Flasche Rum dann beispielsweise 79 EUR bezahlen. Dafür erhält man aber auch eine klimaneutral transportierte Spirituose, so zumindest wird es versprochen.

Bereits nach drei finanziell klammen Betriebsjahren sattelte Bockermann deutlich erfolgreicher auf Öko-Tourismus um. Zahlungskräftige Kunden können bei ihm seither als Freizeitmatrosen anheuern, Rumfässer ein- und ausladen und sich ordentlich den Seewind ins Gesicht blasen lassen. Dabei bezahlen sie natürlich auch für das gute Gewissen, etwas Positives für die Umwelt zu leisten. Den weit überwiegend aus der oberen Mittelschicht stammenden Hilfsmatrosen wird aber auch einiges abverlangt. Während ihres Abenteuerurlaubs müssen sie in der ungeheizten Gemeinschaftskabine übernachten, kalte Duschen benutzen und selbst bei schlechtem Wetter Segel setzen. Das Ganze vermittelt, natürlich zeitlich befristet, eine gehörige Portion Seefahrtsromantik des 19. Jahrhunderts. Nachher lässt sich der gesicherte Alltag Zuhause natürlich noch effektiver genießen.

Würde man diese Hilfsmatrosen angemessen entlohnen, wären die transportierten Güter tatsächlich unbezahlbar. So aber wandelt sich die *Avontuur* von einem Transport- zu einem Kreuzfahrtschiff für Aktivurlaub mit ökologischem Flair. Eine zweiwöchige Tour von Honduras über Mexiko nach Kuba wird für 2899 EUR angeboten. Die Teilnehmer fliegen natürlich von Europa aus ein, wodurch die beworbene, positive Klimabilanz der alternativen Seebeförderung gänzlich auf den Kopf gestellt wird. Diese Faktoren eingerechnet ist der Gütertransport per Segelschiff deutlich klima-ungünstiger als der mit herkömmlichen dieselbetriebenen Frachtschiffen.

Die meisten *Hilfsmatrosen* bleiben nur wenige Wochen an Bord, aus Zeit und Kostengründen. Während einer Tour muss die Mannschaft deshalb mehrfach ausgewechselt werden, wodurch die indirekt durch Flüge verursachten CO_2-Emissionen deutlich steigen.

Die Kalkulation der Reederei ging von vornherein davon aus, dass die größten Erträge durch zahlende Passagiere erzielt würden. Die groß beworbene Idee klimaneutralen Gütertransports sollte wohl vor allem die Attraktivität der Seereisen deutlich erhöhen. Wer davon überzeugt ist, etwas Gutes für die Umwelt zu tun, ist eben weit eher bereit, eine teure Seereise zu buchen.

Ganz ohne Treibstoff kommt übrigens auch das Segelschiff *Avontuur* nicht aus. Motor und Generator verbrauchen beim Rangieren in Flauten und für die Stromversorgung rund 2000 Liter Diesel pro Fahrt. Ganz emissionsfrei ist der vorgeblich klimaneutrale Segeltransport in Wirklichkeit also auch nicht.

Die wirtschaftlichen Hintergründe des alternativen Segeltransports sind undurchsichtig. Das Schiff gehört der formal auf den Seychellen beheimateten *Avontuur Shipping Company.* Betrieben wird der Segler von Bockermanns *Timbercoast.* Den mit ökologischen Argumenten angeworbenen Geldgebern werden üppige Renditen von 8 % im Jahr versprochen. Dabei verleiht Bockermann sein Schiff an sich selbst und generiert so einen Gewinn, unabhängig davon, ob der im realen Betrieb auch erwirtschaftet wird.

Der vorgeblich klimaneutrale Gütertransport per Segelschiff hat darüber hinaus erhebliche wirtschaftliche Nachteile. Die weltweit drei aktiven Frachtsegler transportieren bei optimalen Bedingungen ein paar hundert Tonnen im Jahr. Dem stehen elf Milliarden Tonnen der für die Versorgung der Menschen und Weltwirtschaft notwendigen Güter gegenüber, die jährlich über alle Meere transportiert werden.

Transport-Fachleute geben zu bedenken, dass Segelschiffe bisher keine Container transportieren können. Deshalb müssen die Güter aufwändig be- und entladen werden, was mit einem drastisch höheren Energie- und Zeitaufwand verbunden ist. Weil Frachtsegler über keine Klimatisierung verfügen, können sie verderbliche Güter wie Früchte nur in Ausnahmefällen transportieren. Da sie von den stark veränderlichen Windverhältnissen abhängig sind, können sie keine für die Wirtschaft notwendigen Termine einhalten.

Modernes Containerschiff „NYK Virgo"

Die Story des Klimaschutzes durch Segelschiffe hat auch noch einen anderen Schönheitsfehler. Zwar verbrennen viele Frachtschiffe umweltschädliches Schweröl, bezogen auf die Leistung gehört der Transport auf modernen Containerschiffen aber zu den umweltfreundlichsten Transportmöglichkeiten. Zum Vergleich: Bei Bahnfracht werden pro Tonnenkilometer 35 Gramm Kohlendioxid frei, beim Schiffsverkehr nur acht. Die 2020 deutlich verschärften Umweltschutzauflagen führen außerdem dazu, dass immer mehr Schiffe Abgasfilter einbauen oder gleich mit Erdgas- bzw. Brennstoffzellen-Antrieb konstruiert werden.

Beispiel 2: Segelschiff statt Jumbojet [56]

Weil Fliegen klimaschädlich ist, reiste die schwedische Umweltaktivistin Greta Thunberg 2019 mit einem Segelschiff zum Klimagipfel nach New York.

Doch mehrere ihrer Teammitglieder nahmen während dessen den Luftweg.

Als Aushängeschild der Klimaaktivisten wird jeder Schritt Greta Thunbergs detailliert geplant und medial aufbereitet. Deshalb legte sie ihre vierzehntägige Anreise zur UNO nach New York mit der IMOCA-60-Hochseeyacht *Malizia* zurück. Damit sollte für die Öffentlichkeit eindrucksvoll ihre Ehrlichkeit und Authentizität demonstriert werden. Begleitet wurde Grata Thunberg dabei von dem deutschen Profi-Segler Boris Hermann, seinem Kollegen Pierre Casiraghi und ihrer Crew.

Wenn man nun darauf hinweisen würde, dass die topmoderne Yacht natürlich unter massivem Einsatz klimaschädlicher Substanzen hergestellt und unterhalten wird, würde man wohl zurecht kleinlicher Haarspalterei beschuldigt. Dass aber der Skipper Boris Hermann für den Rückweg nach Deutschland das Flugzeug benutzte, während fünf seiner Teamkollegen von Hamburg nach New York flogen, um das Schiff wieder wohlbehalten nach Europa zu bringen, wirkt dann doch ziemlich widersinnig. Um einer Person, nämlich Greta Thunberg, den klimaschädlichen Flug in die USA zu ersparen, benutzen sechs Personen das Flugzeug, um ihre Überfahrt zu organisierten. Dadurch wirkt die ganze Atlantiküberquerung eher wie ein inszenierter Publicity-Gag als ein realistischer Beitrag zur Reduzierung der CO_2 Emissionen.

Außerdem erhält die ganze Aktion einen schalen Beigeschmack durch die Hauptbeschäftigung Pierre Casiraghis. Sein Geld verdient der Segler als

Mehrheitsaktionär der Fluggesellschaft *Monacair* in Monaco, die Hubschrauberflüge für reiche Geschäftsleute anbietet. Damit sollen diese mögliche Verkehrsstaus umgehen. Ohne höhere Notwendigkeit werden durch Casiraghis Unternehmen große Mengen klimaschädliches CO_2 emittiert. Außerdem sollte auch nicht der hohe Material- und Personalaufwand für die Reisevorbereitungen Greta Thunbergs vergessen werden und die motorisierte Anreise eines Medienteams, einer Supportcrew und weiterer Freiwilliger zur Organisation ihrer großen Pressekonferenz in New York.

Umweltvernichtung durch Elektroautos

Wer über die nötigen Finanzen verfügt, wird nach all der apokalyptischen Werbung für Elektroautos sicher gerne einen prestigeträchtigen Tesla bzw. eines der schönen neuen E-Modelle von BMW oder Daimler kaufen. Jeder, der ein solches Auto fährt, ist sich nicht nur anerkennender Blicke von Passanten sicher, er darf auch mit dem befriedigenden Bewusstsein fahren, etwas Wichtiges für die Umwelt getan zu haben.

Schaut man sich jedoch die umwelttechnischen Details an, dann sieht die Öko-Bilanz heutiger Stromer allerdings nicht ganz so glänzend aus, wie gelegentlich angenommen. Ganz offensichtlich sind Elektroautos allein keine wirkliche Lösung für Umweltfragen und Klimaschutz.

Das beginnt schon damit, dass gar nicht genügend Lithium und Kobalt zur Verfügung stehen, um langfristig die benötigte Zahl von Autobatterien bezahlbar produzieren zu können. Gerade beim Abbau von Lithium und Kobalt wird darüber hinaus die Umwelt massiv geschädigt, weshalb Fachleute warnen, dass allein bei der Produktion eines Elektrofahrzeugs die Umwelt etwa doppelt so stark belastet wird, wie bei der Herstellung eines Diesels. Unter anderem wird durch den momentan boomenden Lithiumabbau in Südamerika massenweise giftiger Staub freigesetzt und gleichzeitig vielen Tausend Menschen das Trinkwasser entzogen. Um eine Tonne Lithium zu erzeugen, werden 2 Millionen Liter Wasser verbraucht.[57]

Außerdem trüben die bisher verfügbaren Batterien die Umweltbilanz von Elektrofahrzeugen ganz erheblich. Allein für die Herstellung einer dieser Akkumulatoren werden 14 Tonnen CO_2 in die Luft geblasen. Ein moderner Diesel mit 6 l Verbrauch stößt bei 100 000 km Fahrleistung ähnlich viel CO_2 aus. Um diesen Nachteil wieder aufzuholen, müsste das Stromfahrzeug schon ziemlich viele Kilometer zurücklegen. In China, wo die meisten Autobatterien hergestellt werden, kommt der Großteil des benötigten Stroms aus älteren Kohlekraftwerken, die die Umwelt erheblich schädigen, nur eben nicht in Deutschland.[58]

Das Problem der Stromgewinnung besteht nicht nur bei der Produktion von leistungsfähigen Batterien und Fahrzeugen, sondern auch beim tagtäglichen Betrieb der Elektroautos. Geht man vom momentan zugänglichen Strommix aus, dann ist die CO_2-Bilanz vieler Elektrofahrzeuge nach neuesten Studien deutlich ungünstiger als bei einem sparsamen Diesel. Die

Abgase werden eben nur nicht am Auto, sondern weniger sichtbar am Kraftwerk in die Luft geblasen. – Erst ab etwa 110 000 km ist die Ökobilanz eines Stromfahrzeugs günstiger als die eines neueren Diesels. Das ist allerdings mehr, als viele Kleinwagen in ihrem ganzen Autoleben zurücklegen.[59]

Tesla Model S, das meistverkaufte Elektroauto weltweit 2015,2016 und 2017

Auch verbrauchen die meisten Stromer deutlich mehr Energie als eigentlich nötig. Weil leistungsfähige Batterien schwer sind, werden sie überwiegend in großen Fahrzeugen verbaut. Deren ganze Masse aber muss erst einmal bewegt werden, wozu wieder deutlich mehr Energie benötigt wird als bei den eigentlich benötigten Kleinwagen.

Weitgehend ungeklärt ist bislang auch noch die Entsorgung bzw. die eigentlich gewünschte Wiederaufbereitung nicht mehr nutzbarer Antriebsbatterien. Bisher gelten die Lithium-Akkus der E-Fahrzeuge noch als Sondermüll. Erste Pilotanlagen können ausgediente Batterien zu etwa 80 % regenerieren, bisher aber nur in kleinen Mengen.[60]

Gemessen an dem notwendigen Energie- und Materialaufwand bei der Herstellung eines neuen Fahrzeugs ist es aus ökologischen Gesichtspunkten deutlich vorteilhafter, länger mit dem alten Auto zu fahren, als ein neues mit Elektroantrieb zu kaufen. Da es der Politik aber weit wichtiger ist, eine Trendwende hin zur Elektromobilität zu schaffen, als überlegt ökologisch zu handeln, sind die massiven Förderungen beim Kauf eines neuen Elektrofahrzeugs durchaus verständlich.

Offensichtlich wird heute vieles mit massiver Öko-Werbung durchgesetzt, was bei Licht besehen lange nicht so vorteilhaft ist, wie angenommen. Erfindet morgen jemand einen leistungsfähigen Akku, der deutlich energieärmer und umweltschonender hergestellt werden kann, dann sieht die Sache natürlich schon wieder ganz anders aus. Bisher ist diese Technologie aber noch nicht in Sicht. Sinnvoll wäre bis dahin eine grundsätzliche Unterscheidung zwischen Stadt- und Landverkehr, zwischen kürzeren und längeren Strecken, die zurückgelegt werden sollen.

Video-Streaming als Umweltzerstörung

Zuweilen lauern klimaschädliche Verhaltensweisen an Stellen, wo viele sie kaum erwarten. Bezüglich populärer Klimaforderungen entsteht deshalb nicht selten ein tendenziöser Tunnelblick. Das Internet beispielsweise ist zweifellos eine Goldgrube, ein Informationsvermittler, eine Kommunikationsplattform, ein Massenunterhalter usw. Ökologisch betrachtet ist das Internet aber auch ein Problem. Schon heute verbraucht der Betrieb des Internets so viel Energie wie die zivile Luftfahrt, mit deutlich steigender Tendenz. Das dabei freigesetzte, klimaschädliche CO_2 wird zukünftig immer relevanter. Selbst wenn man die sonst auf konventionellem Weg transportierten Briefe abziehen würde, käme man beim Internetgebrauch auf eine deutlich negative Umweltbilanz. Allein die immensen Mengen an letztlich überflüssiger Kommunikation schlagen nicht nur inhaltlich, sondern auch umwelttechnisch negativ zu Buche.

Ökologisch immer bedenklicher fallen dabei vor allem cloudbasierte Angebote und Streaming-Dienste ins Gewicht, die zwischenzeitlich bereits für 60 % des Datenaufkommens verantwortlich sind. Mehr als 300 Millionen Tonnen Treibhausgase wurden dadurch 2018 in die Atmosphäre gepustet. Manchmal ist es eben erstaunlich, zu welchen ungeahnten Zusammenhängen eine umweltzentrierte Betrachtung der Welt führen kann.[61]

Demnach belastet ausufernde Internet-Unterhaltung nicht nur das klare Denken, sondern darüber hinaus auch die Umwelt. Wenig überraschend muss man wohl feststellen, dass jedes Verhalten deutliche und gelegentlich auch ungeahnte Auswirkungen hat, im eigenen Leben wie auch in der Gesamtgesellschaft. Mehr noch als auf die ökologischen Auswirkungen des exzessiven Internetgebrauchs sollten Christen natürlich auf dessen nachhaltige, ideologische Prägung achten.

Die Klima-Kosten: mehr Ehrlichkeit!

Viele verstehen die plötzlich überall aufbrechenden Demonstrationen als willkommene Klimaparty, man kann Spaß haben und rettet so ganz nebenher die Welt. Klimaaktivisten wollen aber, wie sie selbst bekennen, eine ganz grundsätzliche gesellschaftliche Panik auslösen. Damit hoffen sie, Entscheidungen herbeizwingen zu können, die sonst ziemlich aussichtslos scheinen. Ganz nüchtern gesehen muss man aber vermuten, dass viele derer, die Politiker jetzt zum Handeln zwingen wollen, sich gründlich beschweren, wenn erst einmal tatsächlich Fakten geschaffen wurden. Dann wird es deutlich stärkere gesellschaftliche, wirtschaftliche und politische Erschütterungen geben, als etwa bei aktuellen Demonstrationen befürchtet. Vor allem werden viele Bürger dann von den jetzt geforderten Maßnahmen ganz persönlich betroffen. Deshalb sollte man möglichst ehrlich sein, sowohl in der Bestandsaufnahme als auch in den Forderungen der Klimaaktionen.

Direkt oder indirekt führt der konsequente Klimaumbau der Gesellschaft eben zu sehr deutlich spürbaren Veränderungen[62]: Außereuropäische Früchte und Gemüse werden dann ebenso verteuert, wie Textilien und der Individualverkehr, insbesondere mit PKW, Schiff oder Flugzeug. Konsequent müsste man dann wahrscheinlich den gesamten Flugverkehr reglementieren. Öl- und Gasheizungen werden massiv verteuert oder gänzlich verboten. Aufgrund staatlicher Transferleistungen und höherer Arbeitslosigkeit steigen Steuern und Abgaben deutlich, während die Löhne sinken. Insbesondere die gutbezahlten

Arbeitsplätze in der Industrie fallen in großer Zahl unter den Tisch. Aufgrund eines zurückgehenden Welthandels kommt es zu einer zunehmenden Verarmung in Ländern der sogenannten „Dritten Welt".

Sollten bei der Produktion von Elektrofahrzeugen wie bisher, beispielsweise bei Batterietechnik, vor allem chinesische Komponenten zum Einsatz kommen, dann müsste in Deutschland mit einem Verlust von rund 410 000 Arbeitsplätzen bis 2030 gerechnet werden, gab eine Expertenkommission der Bundesregierung im Januar 2020 zu bedenken. Das würde dann zweifellos zu einer deutlichen Erhöhung der Arbeitslosigkeit führen, und es würde zu entsprechenden sozialen Verwerfungen kommen.[63]

Der ernsthafte Versuch, die CO_2-Emissionen zumindest in Europa deutlich zu reduzieren und damit langfristig eine weitere Klimaerwärmung zu verhindern, ist mit erheblichen Ausgaben verbunden. Allein in Deutschland müssten, einer Analyse des *Forschungszentrums Jülich* zufolge, in den nächsten 30 Jahren 1800 Milliarden EUR investiert werden.[64] Dabei geht es vor allem um Forschungs- und Entwicklungskosten sowie um deren technische Umsetzung. Als wahrscheinlichstes Szenario wird dabei von einem Wasserstoffkreislauf ausgegangen, der sowohl für neue Werkstoffe als auch für Antriebsenergie benötigt würde. Allerdings müssten dafür die Stromproduktion verdoppelt sowie praktikable Wege für Stromspeicherung und -transport entwickelt werden. Nach Angaben der Studie sollten ab sofort 2,8 Prozent des Brutto-Inlandsprodukts in den Klimaschutz investiert werden.

Mitte Januar 2020 kündigte Ursula von der Leyen, Chefin der EU-Kommission, für die kommenden zehn Jahre Investitionen in Höhe von 1000 Milliarden EUR an. Auch hier stehen die Forschung und die technische Umsetzung einer geplanten klimaneutralen Wirtschaft im Mittelpunkt. Allerdings forderte die Kommissions-Chefin in diesem Zusammenhang deutlich erhöhte Zahlungen der Mitgliedsländer. Das Investitionsprogramm ist gleichzeitig als Motor der Innovationskraft und als Förderung der europäischen Wirtschaft gedacht.[65]

Ökologisch sensible Zukunft

Für überzeugte Klimaschützer sind geringfügige Verteuerungen fossiler Energieträger, der gelegentliche Verzicht auf eine Flugreise oder die flächendeckende Einführung von Elektroautos nur symbolische Veränderungen. Sie gehen davon aus, dass die ganze Menschheit massiv über ihre Verhältnisse lebt. Schon Mitte des Jahres seien demnach die natürlichen, regenerativen Ressourcen verbraucht, mit denen ein langfristiges Überleben möglich wäre.[66] Dieser Weltdurchschnitt des Naturverbrauchs fällt in einzelnen Ländern allerdings sehr unterschiedlich aus. Der Umweltschutzorganisation WWF zufolge sind im Emirat Katar die nachhaltig zur Verfügung stehenden Ressourcen bei der gegenwärtigen Lebensweise bereits nach 42 Tagen erschöpft, in Indonesien dagegen erst nach 342 Tagen.

Wird dieser Gedanke konsequent weitergeführt, müsste in Deutschland eine Halbierung jedes menschlichen Verbrauchs angestrebt werden: eine

Halbierung der Nahrung, des Energieverbrauchs, der angeschafften Güter und Dienstleistungen. Ein so deutlich zurückgehender Konsum würde natürlich nicht nur zu massiven Einschnitten im persönlichen Bereich führen. Zwangsläufig käme es zur Massenarbeitslosigkeit, weil nur noch halb so viele Güter produziert werden müssten. Um die sozialen Sicherungssysteme zumindest einigermaßen erhalten zu können, würde das in der Folge deutliche Steuererhöhungen nötig machen. Bei einem konsequenten Umsetzen eines nachhaltigen Klima- und Umweltschutzes würde sich der im Bevölkerungsdurchschnitt zur Verfügung stehende Wohnraum, Energie, Konsum, Nahrungsmittel vermutlich um rund 75 % verringern.

Um den Verbrauch natürlicher Ressourcen verantwortlich zu reduzieren müsste man die Lebensweise durchschnittlicher Europäer drastisch verändern. Ohne gesellschaftliche Unruhen zu provozieren, wären wahrscheinlich nur sanftere Veränderungen zu realisieren, meint Gordana Mijuk in der *Neuen Zürcher Zeitung*.[67] Demnach sollte sich der klimabewusste Bürger in den kommenden Jahren auf folgende Veränderungen einstellen: Wer eine Öl- oder Gasheizung besitzt, muss seine Wohnungstemperatur im Winter auf 17 Grad herunterfahren. Aufgrund der damit verbundenen Energieeinsparung wird nur noch kalt oder mit maximal 20 Grad warmen Wasser geduscht. Kleidung verteuert sich, damit sie länger getragen wird. Auch technische Geräte sollen aus ökologischen Gründen möglichst lange benutzt und nicht durch neue ersetzt werden.

Weil die zum Kaffeeanbau verwendeten Flächen viel sinnvoller zur Lebensmittelversorgung der lokalen Bevölkerung eingesetzt werden können, verzichtet der verantwortungsbewusste Europäer auf die schwarzen Bohnen. Um das häufig an Kühe und Hühner verfütterte Getreide einzusparen, reduziert man den Konsum von Eiern, Milch und Käse drastisch. Das gleiche gilt natürlich auch für Fleisch. Gekauft und gegessen werden nur noch saisonal und regional produzierte Lebensmittel. Aufgrund des erhöhten Energieverbrauchs ist es illegitim, mit dem Flugzeug transportierte oder im Gewächshaus gezogene Früchte zu konsumieren.

Am besten arbeiten die meisten Menschen zuhause oder benutzen zumindest den öffentlichen Nahverkehr. Der Besitz und Gebrauch eines eigenen Fahrzeugs wird generell eingeschränkt. Urlaub wird im eigenen Land, höchstens im grenznahen Nachbarland verbracht.

Bei allen Diskussionen um die Klimaerwärmung darf auch nie vergessen werden, dass es sich hier keinesfalls um das einzig relevante Thema der Ökologie handelt oder dass mit der möglichen Bewältigung des Treibhauseffekts alle Probleme beseitigt wären. Dann gäbe es beispielsweise immer noch überdüngte Böden, aussterbende Tiere, versiegelte Landschaften, Verbrauch von Rohstoffen, Umweltverschmutzung, Nahrungsmittelverschwendung, Gentechnologie usw. Eine wirklich ernstgemeinte, ressourcenschonende Lebensweise kann nicht allein durch einige politische Reformen oder neue Technik erreicht werden. In Medienberichten werden oft aber nur einzelne Aspekte herausgegriffen, um in der Bevölkerung eine höhere Zustimmung zu erreichen.

BEDENKEN

Asozialer Klimaschutz

Weite Teile der Ökobewegung denken und handeln undemokratisch. Ihre Macht üben sie insbesondere mit der massiven Unterstützung großer Medien aus, deren Journalisten oftmals zu ihren Sympathisanten gehören. Demonstrationen als vorgebliche Manifestation des Volkswillens werden gut inszeniert, und wenn das nicht genügt, mit bezahlten Demonstranten aufgewertet, wie konkrete Beispiele aus der jüngsten Vergangenheit belegen. Außerdem versuchen Meinungsmacher sehr erfolgreich passende Einzelbeispiele zu emotionalisieren und so die Gefühle vieler Mediennutzer zu erreichen. Man fokussiert auf ein Waldgebiet, einen Schadstoff oder eine möglichst sympathieträchtige Tierart. Unschuldige Jugendliche, hübsche Frauen oder abenteuerlustige Männer verkünden dann die nächste ökologische Katastrophe. Die Bilder eines niedlichen Panda oder eines kahlen Waldstücks sollen motivieren, ganz grundlegenden politischen Entscheidungen zuzustimmen, deren konkrete Auswirkungen die meisten Bürger kaum kennen oder wirklich gutheißen.

Wenn Gerichte oder Politiker gegen die Interessen von Ökoaktivisten entscheiden, sind diese zumeist nicht bereit, das auch zu akzeptieren. Diese Strategie zeigt sich eindrücklich in den Auseinandersetzungen um *Stuttgart 21* oder den *Hambacher Forst*.[68] Auch gegen gültige Gesetze oder den Mehrheitswillen der Bevölkerung besetzen Ökoaktivisten Grundstücke, brechen in Bauernhöfe ein oder diffamieren Andersdenkende. Weil sie absolut fest an ihre Wahrheiten glauben und weil sie von ihrer moralischen Überlegenheit überzeugt sind, fühlen sie sich Mehrheitsentscheidungen gegenüber nicht verpflichtet.[69] In einer demokratischen Gesellschaft ist das allerdings ein reichlich ignorantes und destruktives Verhalten.

Viele Ökoforderungen haben einen spezifisch europäischen und besserverdienenden Blickwinkel. Dabei verlieren sie die Probleme wirtschaftlich schwächerer Personengruppen und Länder weitgehend aus dem Blick. „Haushalte mit geringem und mittlerem Einkommen werden – relativ zur Höhe ihres Einkommens – am stärksten belastet", kritisiert Klaus Müller, vom *Bundesverband der Verbraucherzentralen* die momentane Klimapolitik. Und das, obwohl sie im Schnitt weniger klimaschädliches Kohlendioxid produzierten, „weil sie weniger konsumieren, fliegen und kleinere Wohnungen haben."[70]

Die meisten ökologischen Forderungen berücksichtigen vor allem das reine Gewissen einer gutgestellten Mittelschicht. Für praktisch jeden

Lebensbereich soll nach Wunsch von Klimaaktivisten aufgrund ökologischer aber ineffizienter Produktionsformen deutlich mehr Geld ausgegeben werden: Fleisch, Gemüse, Heizung, Kleidung, Kaffee, Transport ... Für alle, die schon jetzt nur knapp mit ihrem Geld auskommen, bedeutet die Umsetzung dieser Ideale einen erheblichen Einschnitt, mit individuell sehr fraglichen Vorteilen.[71]

Gesamtökologisch sind viele Bioprodukte durchaus zwiespältig. Der Arbeits- und Energieaufwand für den Anbau dieser Pflanzen ist deutlich größer als in der konventionellen Landwirtschaft, bezogen auf das Kilo produzierten Getreides oder Kartoffeln. Die von zahlreichen Ökoaktivisten propagierte Pauschalablehnung der Gentechnologie führt darüber hinaus zu einer deutlichen Verschlechterung der weltweiten Ernährungslage. Ertragreichere oder resistentere Pflanzen sollen nur deshalb nicht eingesetzt werden, weil sie mithilfe von Gentechnik entwickelt wurden. Weil einige Besserverdienende sich mit gutem Gewissen ernähren wollen, haben große Bevölkerungsteile in ärmeren Ländern schlussendlich weniger zur Verfügung. Andernorts werden landwirtschaftliche Flächen für die Produktion von Biotreibstoff genutzt, während sich die Nahrungsmittel in den betreffenden Ländern infolge dieser Ökoprojekte massiv verknappen und verteuern.[72]

Einen möglichen sozialen Ausgleich soll nach Willen der Politik vor allem die Industrie bezahlen, die gleichzeitig aber auch den technologischen Wandel und verbesserte Arbeitsbedingungen schultern muss. Außerdem wird der Industrie in der

Klimadiskussion die Rolle des Hauptschuldigen zugewiesen, was zu einer immer geringeren gesellschaftlichen Akzeptanz führt.

Die überzeugtesten Unterstützer vieler Ökoforderungen stammen aus der gehobenen Mittelschicht. Sie sind gut gebildet, verdienen überdurchschnittlich und wohnen in oder um große Städte. Mit den konkreten Auswirkungen ihrer Forderungen für Geringverdiener und Bewohner ländlicher Gebiete haben sie kaum etwas zu tun.[73]

Konferenz der Weltretter

Alle Mediennutzer wundern sich wahrscheinlich zuweilen über die recht selektive Wirklichkeitswahrnehmung großer Medien. Da demonstrieren 5000 Menschen für das Lebensrecht Ungeborener oder 2000 Jugendliche beten für den Frieden der Welt, ohne dass Qualitätsmedien das auch nur einer kurzen Erwähnung für Wert befinden. Wenn aber 50 Aktivisten für Genderrechte demonstrieren oder 400 ökologisch interessierte Jugendliche sich in der Schweiz treffen (August 2019), dann wird ausführlich berichtet und natürlich auch geworben. Über Monate hinweg waren die Aktivisten von *Fridays for Future* absolute Lieblinge der Medien. Wöchentlich erhielten sie unbezahlbare Gratiswerbung für ihr Anliegen. Greta Thunberg wurde zum Popstar stilisiert, als Visionärin und verantwortungsbewusste Retterin der Welt. Dass außer starken Worten und ultimativen Forderungen nur wenig Neues und noch weniger konstruktiv Konkretes vorgetragen wurde, spielte dabei absolut keine Rolle.

Erstmalig kommen nun auch leicht kritische Meldungen zu Greta Thunberg und der *Fridays for Future*-Bewegung zum Vorschein, aber nicht etwa aufgrund ihrer schwammigen Forderungen, sondern weil sie es gewagt hatte, die ihr wohlgesonnen Journalisten von einem kleinen Teil ihrer Öko-Konferenz auszuschließen. Und das geht natürlich gar nicht. Ökoaktivisten können mit Sachbeschädigung auf ihre Anliegen aufmerksam machen. Sie können das Ende der Volksparteien herbeireden. Sie können auch ziemlich unausgereifte Klimareformen fordern. So etwas lassen die großen Medien bereitwillig durch, wenn es dem von ihnen favorisierten Weltbild entspricht. Aber wenn die sorgsam aufgebauten Idole die Medien kritisieren oder sonst irgendwie schlecht behandeln, dann ist der Ofen aus.[74]

Es sollte allerdings schon sehr zu denken geben, wenn die als politische Zukunft stilisierten Weltretter sich nicht einmal über das eigenen Vorgehen einigen können, sondern statt dessen in Heulkrämpfe und Beschimpfungen ausbrechen, wie bei jener Konferenz geschehen. Das wundert umso mehr, da die *Fridays for Future*-Kids bisher alles fordern konnten, ohne dafür auch Verantwortung zu übernehmen oder es realistisch durchsetzen zu müssen. Doch schon allein bei den bisherigen umweltpolitischen Träumen scheint es weder Einheit noch Klarheit zu geben. – Dass Menschen sich auf den Klimawandel einstellen und weitere Schädigungen des Ökosystems unbedingt einschränken müssen, steht dabei weitgehend außer Frage.

Postmoderne Apokalypse

Längst ist die Angst vor der Hölle, dem Fegefeuer oder letzten Schlacht der Weltgeschichte vergessen. Über Jahrhunderte hinweg bestimmten diese Ängste das politische ebenso wie das private Leben. Man rechnete fest mit der Existenz Gottes und war überzeugt davon, nach dem Tod entweder im Himmel oder in der Hölle aufzuwachen.

Weil Angst so effektiv ist bei der Durchsetzung eigener Interessen, wird diese Strategie zuweilen auch in Wirtschaft und Politik eingesetzt. Wer Menschen überzeugend Angst machen und dann die vorgebliche Lösung geben kann, hat im allgemeinen Erfolg. Weil man hier allein mit Interpretationen und Hoffnungen arbeitet, muss man deutlich weniger investieren als bei tatsächlichen Problemen und Lösungen, mit denen Menschen täglich konfrontiert werden.[75]

Politische Ängste der nahen Vergangenheit waren die Atomwaffen, das Waldsterben, das Ozonloch, BSE, Polyamid, der Kommunismus bzw. Kapitalismus, der Jahrtausendwechsel, Meteoriteneinschläge, die Globalisierung, die EU, der Terrorismus, die Ausländer, die soziale Ungerechtigkeit, das Sterben der Bienen, die Gentechnik, der Klimawandel usw.[76]

Natürlich ist es dann immer „fünf vor Zwölf"[77]. Vorgeblich bleibt keine Zeit mehr zum Nachdenken oder Abwägen. Damit wird ein hoher Handlungsdruck aufgebaut, für den man schon eine Lösung parat hat. Die Bevölkerung muss nur noch zustimmen, möglichst schnell. Über negative Folgen und Nebenwirkungen der eigenen politischen Ziele schweigt man wohlweislich, ein intensiveres Nachdenken führt fast immer zu deutlich weniger Zustimmung in der Öffentlichkeit.[78]

Albrecht Dürers apokalyptische Reiter, Holzschnitt, 1498

Weil viele mit ihrem Angstszenario werben, stehen die Akteure natürlich immer in einer beständigen Angst-Konkurrenz. Ängste sind schnell auch wieder vergessen, wenn der Weltuntergang dann doch nicht so bald stattfindet, wie prophezeit. Nur wenige Jahre vergehen, und kaum noch jemand fürchtet die Volkszählung, die Gentechnik oder Kometen, die unsere Zivilisation auslöschen.

Die regelmäßigen, apokalyptischen Drohungen der Ökoaktivisten mit dem Weltuntergang passen eher ins Repertoire mittelalterlicher Ablassprediger als in eine hoffentlich sachliche Diskussion über Grundsätze zukünftiger Politik.[79] Doch vielleicht ist das ja auch ein Grundgesetz politischer Macht: Nichts kann Menschen so effektiv mobilisieren wie Angst. Und desto größer die Angst wird, desto eher sind Menschen bereit, demjenigen die Macht zu übertragen, der die Beseitigung der Angst verspricht. Deshalb versucht jede politische Gruppe ihr eigenes Angst-Szenario aufzubauen: Die einen schüren Angst vor Ausländern, die anderen Angst vor sozialer Ungerechtigkeit, die nächsten nutzen die Angst vor dem wirtschaftlichen Abschwung und wieder andere eben die Angst vor massiven ökologischen Schäden. Ist die Angst nur groß genug, dann stimmen Menschen auch für einen Totalitarismus, eine weitgehende Auflösung ihrer Freiheit, wie bei den Nationalsozialisten, die Hilfen anboten gegen Weltwirtschaftskrise und Kommunismus.

Angesichts einer allgemeinen Angst-Inflation sollte man allerdings auch nicht alle Probleme einfach vom Tisch wischen. Berechtigte Angst kann sehr wohl dazu beitragen, ein Resümee zu ziehen sowie Konsequenzen für das eigene Leben oder das ganze Land zu ziehen und entsprechende Maßnahmen zu planen. Wirklich nicht einfach ist es allerdings, zwischen berechtigten und aufgebauschten Ängsten zu unterscheiden. Denn rollt gerade einmal wieder eine neue Angst-Welle durchs Land, dann scheint deren Logik zunächst absolut zwingend. Ganz sicher sind für Christen Gott, seine Maßstäbe und das Leben wichtige Fixpunkte, auch angesichts der nächsten, globalen Phobie. Denn ganz gleich wie lange und unter welchen Umständen diese Zivilisation weiterläuft, Gott bleibt Gott und der persönliche Tod ist absolut sicher. Jeder, der über den heutigen Tag hinausdenkt, sollte deshalb eine überzeugende Position gegenüber der Wahrheit Gottes haben. Diese Verankerung hilft, sich trotz eines massiven gesellschaftlichen Meinungssturms nicht zu schnell in Angst und Panik treiben zu lassen, sondern Nüchternheit und Perspektive zu behalten.

Klima-Depression

Immer häufiger diagnostizieren Ärzte seit 2019 *Klima-Depression*. Beispielsweise sitzt jemand bei schönstem Sommerwetter am Pool und blickt bedrückt zu Boden, weil er die drastischen Folgen der globalen Erwärmung befürchtet. Menschen, die von diesem Gedanken-Virus betroffen sind, schaufeln sich gewöhnlich wie in einer Art Sucht Unmengen an deprimierenden Daten zur Klimaerwärmung ins Hirn. Obwohl bisher noch alles einigermaßen gut aussieht, betrauert der Klima-Depressive den erwarteten

Untergang der Welt, zumindest aber den Zerfall der scheinbar stabilen ökologischen Verhältnisse.

Die Klima-Depression wird bereits als neues medizinisches Phänomen erforscht, insbesondere in den Ländern Westeuropas und Nordamerikas. Die Symptome sind durchaus ähnlich wie bei anderen Formen der Depression – mit dem entscheidenden Unterschied, dass der betrauerte Verlust „noch" nicht stattgefunden hat. Betroffene Menschen verlieren jede Freude an den positiven Dingen ihres Lebens. Das Interesse für ihre menschliche Umwelt geht drastisch zurück. Sie werden kraftlos und können sich kaum noch an etwas wirklich erfreuen. Die Klima-Depression wird durch den täglichen Konsum ständig neuer Hiobsmeldungen in den Medien kontinuierlich verstärkt. Schlussendlich bestimmt das Klima-Debakel das ganze Denken. Um die drohende Katastrophe zu verhindern, würde man alles tun. Doch gleichzeitig fühlt man sich irgendwie ohnmächtig gegen die große, scheinbar unaufhaltsame Entwicklung. Das Klima wird schließlich zum höchsten aller ethischen Werte und zum wichtigsten Lebensziel. Demokratie, Glaube oder Wohlstand fallen deutlich dahinter zurück.[80]

Angesichts einer täglichen medialen Konfrontation mit zahllosen Negativmeldungen zur vorgeblich katastrophalen Lage des Klimas und der Welt werden immer mehr Menschen aufgeschreckt und zutiefst verunsichert. Wenn nicht „die da oben" sofort drastische Maßnahmen umsetzen, dann drohen ökologische Katastrophen von unvorstellbarem Ausmaß, wird suggeriert. Das kann nach einer gewissen

Zeit selbst Personen mit einer stabilen Konstitution mental aus dem Gleis werfen. Die Deutungsmacht für das, was unbedingt getan werden muss, besitzen einige wenige Ökoverbände, die die Öffentlichkeit und die Politik jederzeit zwingen können, sich ihren Forderungen zu unterwerfen.

Dem Psychologen Andrew Greenfield zufolge sind insbesondere Kinder und Jugendliche anfällig für Klima-Depression. Sie fühlen sich den Problemen der Umweltbelastung gegenüber weitgehend hilflos. Als Gruppe empfindet man sich gewöhnlich einflussreicher und schließt sich deshalb zur Bewegung zusammen. Zumeist hat man in diesem Alter aber kaum eigene, vergleichbare Erfahrungen in großen gesellschaftlichen Diskussionen und tendiert deshalb dazu, momentane Probleme überzubewerten. Viele Jugendliche verkürzen dann die vielfältigen Bezüge und möglichen Folgen der jeweiligen Umweltfrage. Angesichts der nahenden Katastrophe sind ihnen alle politischen Prozesse zu langsam und zu halbherzig. Die scheinbare Tatenlosigkeit verstärkt ihr Gefühl von Ohnmacht und Depression.[81]

Christen nehmen ökologische Probleme hoffentlich ernst, weil sie um den Wert der Schöpfung Gottes wissen. Sie protestieren gegen eine egoistische und kurzsichtige Zerstörung der Natur. In ihrem alltäglichen Handeln bemühen Christen sich, die Schöpfung zu bewahren. Sie wissen aber auch um einen allmächtigen Gott, der diese Welt in seiner Hand hält und, wenn es darauf ankommt, immer noch das letzte Wort hat. Christen kennen die Gefahr eines totalitären Regimes, das sich bei zu Tode erschreckten

Menschen schnell durchsetzen kann. Vor allem aber verehren sie den Schöpfer und nicht die Schöpfung.

Die nächste Eiszeit kommt bestimmt

Bei der starken Beschäftigung mit dem derzeit zu beobachtenden Treibhauseffekt wird gelegentlich vergessen, dass viele Meteorologen eine nahe bevorstehende Eiszeit erwarten. Demnach soll die momentane Warmzeit vor rund 11 500 Jahren begonnen haben. Langfristigen Zyklen zufolge werden solche Warmzeiten gewöhnlich aber schon nach 10 000 Jahren durch eine 100 000 Jahre andauernde Kaltzeit abgelöst. Folglich müsste die Eiszeit sogar eher als Normalzustand der Erde betrachtet werden.[82] Diese regelmäßige globale Temperaturfolge wurde erstmals 1941 von dem serbischen Astrophysiker Milutin Milankovitch berechnet. Er führte den zyklischen Temperaturwandel auf die sich langsam ändernde Bewegung der Erde um die Sonne zurück. In großen Abständen verschiebt sich diese Umlaufbahn von einer eher elliptischen zu einer eher runden. Aufgrund der jeweils unterschiedlichen Nähe zur Sonne sinken und steigen die Temperaturen auf der Erde demnach zyklisch. Auch der langsam wechselnde Neigungswinkel der Erdachse soll zu diesen Veränderungen beitragen.

Eine vergangenen Entwicklungen folgende Eiszeit würde eine massive jahrtausendelange Abkühlung der Erde zur Folge haben. Andrey Ganopolski vom *Potsdam-Institut für Klimafolgenforschung* (PIK) geht davon aus, dass die eigentlich zu erwartende Eiszeit vor allem durch die vom Menschen in den vergangenen 200 Jahren deutlich gesteigerte CO_2-Emission verhindert oder zumindest auf lange Zeit verschoben wurde.[83]

Einen weiteren relevanten Faktor stellt die variierende Sonnenaktivität dar. Der normale Sonnenfleckenzyklus scheint sich in den letzten Jahren sukzessive verändert zu haben. Meteorologen wissen, dass die Temperatur auf der Erde unter anderem von der schwankenden Aktivität der Sonne abhängig ist, gibt Professor Sami Solanki, Direktor des *Max-Planck-Instituts für Sonnensystemforschung* zu bedenken.[84] In den vergangenen 60 Jahren war die Sonne – wissenschaftlichen Messungen entsprechend – jedenfalls ungewöhnlich aktiv, was zur aktuellen Erwärmung der Erde beigetragen haben könnte. Längerfristig sei aber eine deutliche Abkühlung, vielleicht sogar eine Mini-Eiszeit wahrscheinlich. Eine sich momentan abzeichnende Minderung der Sonnenaktivität lässt allerdings lediglich eine globale Abkühlung von 0,3 Grad Celsius erwarten.[85]

Neue Kältephase: Eisberg im Meer

Verschiedene, bisher nur teilweise erforschte Aspekte, die zumindest eine kurzfristige Abkühlung des Erdklimas zufolge haben könnten, sind größere Schneeflächen, vermehrte Vulkanausbrüche, übermäßige Wolkenbildung oder die von Kohlekraftwerken ausgestoßenen Schwefeldioxidemissionen.[86]

Bei Warnungen vor einem zukünftig steigenden Meeresspiegel sollte nicht vergessen werden, dass die Höhe des Wassers in der Erdgeschichte schon immer stark schwankte. Als während der letzten großen Eiszeit ganz Nordeuropa unter einem kilometerdicken Eispanzer lag, war der Meeresspiegel ganze 125 Meter tiefer als heute. In früheren Phasen mit deutlich höheren Temperaturen standen einige heute trockene Landstriche metertief unter Wasser.[87]

CO_2 durch Mensch und Natur

In der öffentlichen Diskussion um die Klimaerwärmung wird vollkommen zurecht darauf hingewiesen, dass ein großer Teil des in der Atmosphäre vorhandenen CO_2 nicht von menschlichen Aktivitäten abhängig ist. Das durch natürliche Effekte emittierte CO_2 ist allerdings Teil eines natürlichen Prozesses, der sich über viele Jahre hinweg selbst reguliert. In einem großen Kreislauf wird CO_2 abgegeben und wieder aufgenommen. Dieser Kreislauf wird durch zusätzlich emittiertes CO_2 aus dem Gleichgewicht gebracht, was mit hoher Wahrscheinlichkeit zu einer globalen Erhöhung der Temperatur führt.

Tatsächlich setzen beispielsweise die Ozeane mit etwa 100 Gigatonnen jedes Jahr weit mehr CO_2 frei als die gesamte Industrie und der Verkehr (7 Giga-tonnen). Vom Meer wird allerdings dieselbe Menge CO_2 an anderer Stelle aber auch wieder absorbiert. Das von menschlicher Aktivität verursachte CO_2 hin-gegen verbleibt größtenteils in der Atmosphäre.[88]

Menschen, Pflanzen und Tiere geben vor allem durch ihre Atmung jährlich rund 120 Milliarden Tonnen CO_2 ab. Diese erhebliche Menge wird aber gleichzeitig wieder von Pflanzen aufgenommen und in der Photosynthese klimaneutral verarbeitet. Bei diesem Kreislauf kam es über Jahrhunderte hinweg zu keiner nennenswerten Steigerung des CO_2-Ge-halts in der Luft.[89] Gemessen an der Gesamtmenge des in der Atmosphäre enthaltenen CO_2 macht der von Industrie und Verkehr verursachte Anteil nur etwa 3 % aus. Dieser Anteil aber bleibt langfristig zusätzlich in der Luft, während alles Übrige Teil ei-nes in sich geschlossenen Kreislaufs ist.

Noch deutlich stärker als CO_2 trägt Wasserdampf in der Atmosphäre zur globalen Erwärmung bei. In erster Linie aber hängt die Menge des Wasserdampfs in der Luft von deren Temperatur ab. Wärmere Luft nimmt auch mehr Wasser auf. Insofern steigert Wasserdampf, der insbesondere aus den Meeren aufsteigt, die durch mehr CO_2 verursachte Tempe-raturerhöhung zusätzlich. In abgekühlter, CO_2-ärme-rer Luft kann deutlich weniger Wasserdampf aufge-nommen werden, weshalb die Temperatur weiter absinkt. Die niedrigere oder höhere Menge CO_2 in der Luft steigert über die damit korrespondierende Wasserdampf-Konzentration ihre jeweilige Klima-wirkung.

Auch Vulkane und Gesteine geben jedes Jahr erhebliche Mengen CO_2 ab. Obwohl der CO_2-Anteil in der Luft seit Jahrzehnten kontinuierlich ansteigt, hat die Zahl der Vulkanausbrüche statistisch gesehen nicht zugenommen. Das macht den Vulkanismus als entscheidenden Faktor für die Klimaerwärmung eher unwahrscheinlich. Außerdem beträgt das jährlich von Vulkanen und Gesteinen freigesetzte CO_2 nur etwa 0,1 % der durch menschliche Aktivität verursachten Menge.[90]

Natürliche, von Menschen schwer einzuplanende Ereignisse, wie der gigantische Flächenbrand in Australien, haben auf die CO_2-Emissionen weit größeren Einfluss als punktuell begrenzte Einsparungen, beispielsweise durch das Verzehren von weniger Fleisch. Bis Mitte Dezember 2019 sind durch die ausgedehnten Buschbrände in Australien etwa 195 Millionen Tonnen CO_2 in die Atmosphäre gelangt. Das entspricht etwa der Hälfte aller CO_2-Emissionen des ganzen Landes in einem Jahr.[91] Diese Größenordnungen lassen neu über die tatsächliche Relevanz einiger CO_2-senkender Reformen nachdenken. Im Einzelfall könnten eine bessere Brandüberwachung und -bekämpfung für die CO_2-Reduzierung wesentlich effektiver sein als die Einführung von Elektroautos oder der Verzicht auf eine Flugreise.

Keine schnelle „Rettung der Welt"

In der momentan laufenden Klimadiskussion fordern viele, Deutschland solle eine Vorbildfunktion einnehmen, um anderen Ländern gegenüber den richtigen Weg zur Reduktion der Treibhausgase aufzuzeigen.

Die meisten *Friday-for-Future*-Demonstrationen vermitteln den Eindruck, als könne eine zukünftige ökologische Katastrophe auch durch entschiedene, länderspezifische Maßnahmen abgewendet werden. Wenn die Klimaprognosen aber auch nur halbwegs zutreffen, dann handelt es sich um eine Jahrzehnte andauernde, schleichende Veränderung, die bereits begonnen hat und auch mit allen politischen Reformbemühungen nicht aufgehalten, allenfalls geringfügig gemildert werden kann. Innerhalb der Klimabewegung geht man häufig von weitgehend utopischen Voraussetzungen aus. Angesichts apokalyptischer Schreckensbilder sollen deutsche Wähler drastischen politischen und wirtschaftlichen Veränderungen zustimmen, die den Raum für andere kostenintensive Vorbereitung auf den ziemlich sicheren Klimawandel deutlich einengen.

a. Pariser Klimaabkommen verhindert Klimawandel nicht

Zu den von Klima-Aktivisten verbreiteten Illusionen gehört die Annahme, deutsche oder auch europäische Reformen könnten die weltweiten CO_2-Emissionen entscheidend beeinflussen. Die ganze EU verursacht derzeit aber nur ca. 9 % der weltweiten Treibhausgase. Sollte die momentan geplante CO_2-Steuer erfolgreich sein, dann ist sie mit erheblichen Kosten verbunden, würde nach Expertenmeinung aber bis zum Jahr 2100 lediglich eine um maximal 0,1 °C geringere Erhöhung der Welttemperatur zur Folge haben. Bei einer noch stärkeren CO_2-Besteuerung würde die deutsche Wirtschaft schwer geschädigt, wodurch massiv Arbeitsplätze verloren gingen, hohe Sozialabgaben für den Staat anfielen und der Spielraum für weitere Maßnahmen sehr stark eingeengt würde. Selbst wenn die Vorgaben des *Pariser Klimaabkommens* buchstabengetreu umgesetzt würden, was momentan eher unwahrscheinlich ist, würde es noch mindestens bis 2040 zu einem weiteren CO_2-Anstieg kommen. Die weltweite Temperatur würde dementsprechend nach Berechnungen der *Internationalen Energieagentur* trotzdem um 2,5 °C ansteigen, mit all den dafür prognostizierten ökologischen, wirtschaftlichen und gesundheitlichen Folgen.[92]

b. Deutschland ist kein relevanter Faktor für den Klimawandel

Es ist ein Trugschluss, davon auszugehen, dass Deutschland genügend politischen oder wirtschaftlichen Einfluss besitzt, um andere relevante Länder zu entscheidenden Klima-Reformen bewegen zu können. Den Angaben des *Internationalen Währungsfonds* zufolge sinkt die globale Bedeutung der deutschen Wirtschaft seit Jahren beständig. Rasantes industrielles Wachstum findet derzeit vor allem in Asien und Südamerika statt. Allein der für Indien in den kommenden vier Jahren erwartete Zuwachs der Wirtschaftsleistung übertrifft die gesamte gegenwärtige Industrieproduktion

Deutschlands. Das heißt, selbst wenn die ganze heimische Wirtschaft mit einem mal stillstehen würde, wäre damit gerade einmal das indische Industriewachstum von einigen wenigen Jahren neutralisiert, bezogen auf die hier zur Diskussion stehenden CO_2-Emissionen.[93]

Mit ihren überwiegend schlechten Erinnerungen an den von Europa ausgehenden Kolonialismus sind die meisten neuen Industrienationen wenig geneigt, sich bedenkenlos gegenwärtigen politischen Forderungen aus Deutschland anzuschließen. Viele afrikanische Länder erwarten von den reichen Staaten des Nordens eine deutliche Veränderung ihres Lebensstils. Den eigenen Einwohnern, die häufig erstmals an den Annehmlichkeiten des Wohlstandes teilhaben, will man keine klimabedingten Einschränkungen zumuten. In vielen dieser Staaten wachsen Energieverbrauch und Verkehr rasant, weil man sich den vermeintlichen Fortschritt jetzt auch leisten kann – zumindest teilweise. Von denen, die schon seit Jahrzehnten sehr großzügig leben, zum Verzicht ermahnt zu werden, kommt hier nicht gut an. Außerdem fühlen sich die großen Nationen, wie Indien, China oder Brasilien zunehmend als die wirtschaftlichen Wortführer. Wichtige Trends zur Elektromobilität, Computertechnik oder Neuorganisation des Individualverkehrs werden hier entwickelt und umgesetzt. Trotzdem werden in diesen Volkswirtschaften aufgrund des immensen

Wachstums auch konventionelle Energien in großem Maßstab genutzt und ausgebaut.

c. *Deutsche Politik hatte kaum Einfluss auf die Klimaerwärmung*

Viele Journalisten erwecken den Eindruck, Deutschland trage eine wesentliche Verantwortung für die globale Klimaerwärmung. Aufgrund des außerordentlichen Wirtschaftswachstums außereuropäischer Länder stimmt das gegenwärtig aber immer weniger. Häufig wird in diesem Zusammenhang auch auf die deutsche Vorbildfunktion in Umweltfragen hingewiesen. Deutsche Technologie und Innovationskraft hätten wesentlich zu einem ökologischen Umsteuern in der Welt beigetragen. Diese Stellung müsse jetzt zur weiteren globalen Reduzierung der CO_2-Emissionen genutzt werden, wird gefordert. Durch harte Fakten lassen sich solche Behauptungen aber nicht erhärten. Teilweise speisen sich diese Vorstellungen aus einer frühen Phase der Umweltbewegung in den 1970er und 80er Jahren. Natürlich sind umweltpolitische Entscheidungen wie der Ausstieg aus der Kohleverfeuerung oder die Förderung regenerativer Energien begrüßenswert. In anderen europäischen Ländern wird dieser Wandel gegenwärtig aber deutlich schneller und entschiedener vollzogen. Während die CO_2-Emissionen in Deutschland zwischen 2005 und 2017 um 4,7 % reduziert wurden, betrug der vergleichbare Rückgang in den USA 14,5 % in Frankreich 17,1 % und in Großbritannien sogar 29,3 %. Von einer deutschen Vorbildfunktion, die es zu wahren oder zu nutzen gelte, kann folglich nicht ernsthaft gesprochen werden.[94]

d. CO2-Problem trotz Aufforstung

Eine sehr elegante Methode zur Reduzierung des CO_2 in der Atmosphäre besteht natürlich in groß angelegten Aufforstungsprogrammen. In südlichen Ländern entsteht damit gleichzeitig neuer Lebensraum für viele Pflanzen und Tiere sowie Schatten für verbesserte, landwirtschaftliche Produktion. Außerdem wächst Holz, das als CO_2-neutraler Energieträger genutzt werden kann.[95] Zweifellos würden konsequente Pflanzkampagnen eine große Menge CO_2 aus der Luft absorbieren und damit den Treibhauseffekt vermindern. Für sich allein würde diese Strategie allerdings nicht ausreichen, um die kontinuierlich ansteigende Menge von Treibhausgasen zu regulieren.

Andere Technologien, um CO_2 in größerem Umfang im Boden, im Weltraum oder an anderen Orten zu deponieren, befinden sich noch im Anfangsstadium und sind bislang außerordentlich kostenträchtig. Um einen nennenswerten Effekt zu erzielen müssten 400 Milliarden Tonnen CO_2 der Atmosphäre entzogen werden. Das würde etwa 40 000 Milliarden EUR kosten. In einem öffentlichkeitswirksamen Pilotvorhaben der Städte Rotterdam,

Antwerpen und Gent sollen bis 2030 10 Millionen Tonnen CO_2 unter der Nordsee deponiert werden. Das allerdings ist weniger als 0,005 % der benötigten Speicherkapazität.

Bisherige Klimatechnologie: Windkraft und Photovoltaik

e. Fehlende Technologie

Klimaaktivisten treten bisweilen mit der Behauptung an die Öffentlichkeit, es fehle allein am politischen Willen den Klimawandel aufzuhalten. Die benötigte Technologie sei zwar teuer, stehe aber bereits zur Verfügung. Genau das entspricht allerdings nicht der Realität. Die heute verfügbaren Brennstoffzellen und die übrige Wasserstofftechnologie sind für den Masseneinsatz noch deutlich zu teuer und zu unausgereift.[96] Bislang existiert keinerlei Möglichkeit, die notwendigen Mengen Strom effektiv zu speichern. Ohne eine solche Technologie aber stößt eine regenerative Energieerzeugung schon jetzt an ihre Grenzen. Für eine stabile Energieversorgung, auch bei längerfristiger Bewölkung oder Windstille, sind entsprechende Speicher unabdingbar.[97] Auch für den internationalen Flug- und Schiffsverkehr gibt es bisher noch kein tragfähiges Ausstiegs-Konzept. Die massenhafte Umstellung des Straßenverkehrs auf Elektromobilität ist bisher sowohl technologisch als auch versorgungstechnisch nicht gelöst. Obwohl seit vielen Jahren intensiv an Kunststoffen aus regenerativen Rohstoffen geforscht wird, liegen praktikable Konzepte für die Massenproduktion bislang noch nicht vor.

Diese Beobachtungen sind von hoher Bedeutung, weil Klimaaktivisten ein konsequentes und sofortiges Umsteuern fordern. Anderenfalls, so behaupten sie, sei die Klimakatastrophe unabwendbar. Realitätsnäher sollte eine längerfristige Umstellung der Weltwirtschaft ins Auge gefasst werden. Gleichzeitig könnten Maßnahmen getroffen werden, mit denen Deutschland sich bestmöglich auf die prognostizierten Folgen der relativ sicheren Klimaerwärmung einstellen kann.

f. *Vorbereitung auf die Klimaerwärmung*

Abgesehen von viel diskutierten Maßnahmen zur baldigen Senkung der CO_2-Emissionen sollte intensiv an einer effektiven Vorbereitung auf die erwarteten Folgen des Klimawandels gearbeitet werden. Starkregen in bestimmten Regionen der Welt könnte zumindest teilweise in Staubecken zurückgehalten werden, um eine ganzjährige Bewässerung zu ermöglichen. Neue wärmeresistente Bäume würden in Regionen angepflanzt, in denen bisherige Arten erwartungsgemäß absterben könnten. Außerdem sollte der Staat damit beginnen, küstennahe Gebiete mit höheren Flutdämmen zu schützen. Wenn man klimatische und andere umweltbedingte Veränderungen mit großer Sicherheit prognostiziert, ist es wenig sinnvoll, lediglich auf eine Verhinderung dieser Ereignisse zu hoffen. Deutlich vorausschauender wäre es vermutlich, sich möglichst effektiv darauf einzustellen und nach Möglichkeiten zu suchen, um die positiven Aspekte dieser Veränderungen bestmöglich nutzen zu können, beispielsweise durch die Erschließung neuer landwirtschaftlicher Anbaugebiete.

CHRIST

Es sieht ganz danach aus, als ob eine christliche *Ethik des freiwilligen Verzichts* zukünftig für viele Menschen wieder ganz neu an Attraktivität gewinnen könnte. Gott warnt in der Bibel davor, seinen Wert oder sein Glück in erster Linie über den eigenen Besitz oder Konsum zu definieren (Matthäus 6,33; 16,26). Habgier wird sogar als außerordentlich schwerwiegende Sünde genannt (Prediger 5,9; Lukas 12,15; 1. Timotheus 6,9). Gläubige werden aufgefordert, ihren Besitz bereitwillig mit anderen zu teilen (Lukas 3,10-11; 1. Timotheus 6,17-19; 1. Johannes 3,17). Nahrung und Eigentum als Geschenke Gottes wertzuschätzen und sorgsam zu gebrauchen kann ein durchaus sinnvoller, christlicher Beitrag zu einem sorgsamen und nachhaltigen Umgang mit den verfügbaren Ressourcen sein. Jesu Kritik an überflüssigem Besitz gewinnt in einer Zeit knapper werdender Rohstoffe und verschwendeter Energie neue Aktualität. In der konkreten Alltagsgestaltung sollten Christen auf jegliche Verschwendung verzichten, genießbare Lebensmittel auch noch nach Ablauf des Mindesthaltbarkeitsdatums verzehren, funktionierende technische Geräte nicht einfach in den Müll werfen, nur weil sie aus der Mode gekommen sind, usw. Gleichzeitig aber hüten sich Gläubige vor einer Heiligsprechung und Verehrung der Natur als säkularem Gottersatz. Sie erliegen auch nicht der Illusion, in letzter Konsequenz die Natur verbessern oder gar „die Welt retten" zu können.

Konkret sollten Christen weder für ihre mutwillige Zerstörung der Schöpfung Gottes bekannt sein noch für eine Fixierung auf die gerade in Mode stehenden Forderungen der Ökobewegung. Umweltprobleme grundsätzlich zu bezweifeln oder zu ignorieren scheint weder angemessen noch biblisch legitim. In ihrem Reden und Handeln sollten bei Christen die Achtung vor der Schöpfung Gottes, eine aktive Anteilnahme an leidenden Menschen weltweit und eine deutlich geistliche Akzentsetzung erkennbar sein.

Evangelikale in den Medien

Weil wertkonservative Christen neuen gesellschaftlichen Trends häufig abwartend bis kritisch gegenüberstehen, werden sie von deutschen Medien gewöhnlich mit großer Skepsis betrachtet. Ganz besonders der biblische Wahrheitsanspruch missfällt den überwiegend linksorientierten Medienschaffenden. Das schlägt sich nicht nur bei Fragen der Erziehung oder der Sexualethik nieder, sondern bei allen gesellschaftlich relevanten Diskussionen, insofern der gesellschaftliche Mainstream im Widerspruch zu biblischen Vorstellungen steht. Gerade in den USA identifizieren sich viele Evangelikale mit konservativer Politik, was zu weiteren Spannungen führt. Wenn diese Christen in der Klimadebatte lediglich vor Panikmache warnen oder auf Gottes übernatürliches Eingreifen zum Schutz seiner Schöpfung hinweisen, werden sie von heimischen Journalisten regelmäßig mit beißender Häme übergossen.

Weil etwa ein Drittel der amerikanischen Evangelikalen Forderungen der Klimaschützer als übertrieben oder sogar als politische Verschwörung ansehen, werden zuweilen alle Christen pauschal als „engstirnig, konservativ und wissenschaftsfeindlich" diffamiert:[98] Sie „führen theologische Argumente an, die jedes Engagement für Klimaschutz im Keim ersticken."[99] In der Berichterstattung wird gelegentlich sogar der Eindruck erweckt, dass evangelikale Christen sich geradezu über die Zerstörung der Natur freuen, weil sie als Vorbote der biblisch angekündigten Endzeit interpretiert werde. Außerdem sei es ihrer Meinung nach weitgehend sinnlos, gegen die drohende Klimaerwärmung zu kämpfen. In solchen globalen Fragen müsse man einfach hoffen und beten.

Als gutes Beispiel werden dann zuweilen linksevangelikale Christen angeführt, die über das Problem der Klimaerwärmung predigen und sich aktiv für Umweltschutz einsetzen. Dass sie nebenher auch noch an Gott glauben, wird dann nicht weiter als Hindernis betrachtet.

Ganz zutreffend ist diese mediale Perspektive allerdings nicht. Beispielsweise veröffentlichte die konservative *Southern Baptist Convention*, die größte evangelikale Glaubensgemeinschaft in den USA, bereits 1970 eine durchaus zukunftsweisende Resolution zur Umweltproblematik: „Die Menschen haben eine Krise geschaffen, indem sie die Luft verschmutzen, das Wasser vergiften und die Erde verwüsten."[100] In den 1980er Jahren wurden von Kirchen und Freikirchen immer mehr Umweltbeauftragte eingesetzt, Denkschriften zum Umweltschutz veröffentlicht und Schulungen veranstaltet. Der Umwelt- bzw. Mitweltschutz wurde weithin als konkreter Bestandteil der Schöpfungsverantwortung des Christen interpretiert.[101]

Ökologie und Bibel – Beobachtungen

Jeder Mediennutzer des 21. Jahrhunderts wird gegenwärtig beständig an seine Einbindung in die Umwelt erinnert. Ganz selbstverständlich begreift er sich als mitverantwortlich für den stellenweise problematischen Zustand der Natur. Spätestens seit den 1970er Jahren entstand vor allem bei jungen Menschen ein verstärktes Bewusstsein für die industrielle Ausbeutung und Zerstörung der Umwelt. Die Partei der *Grünen* erklärte ökologische Themen zum Zentrum ihres Programms. Auch andere politische Fraktionen verwirklichten im Laufe der Jahrzehnte zahlreiche Reformen zum Schutz der Natur. Hier nur einige wenige Beispiele: Seit den 1970er Jahren traten insbesondere in Europa zahlreiche Abkommen und Grenzwerte zur Luftreinhaltung in Kraft. Zum Schutz von Natur und Landschaft wurde 1976 das *Bundesnaturschutzgesetz* verabschiedet. Gesundheitsschädliches, verbleites Normalbenzin wurde 1988 in Deutschland verboten; das Verbot von verbleitem Superbenzin folgte 1996. (Seit 2001 wird auch in China nur noch bleifrei getankt.) Seit 1994 verpflichtet Art. 20a des Grundgesetzes den Staat dazu, die natürlichen Lebensgrundlagen zu schützen. Dies ist kein Grundrecht, sondern eine so genannte Staatszielbestimmung, das heißt ein verpflichtender Programmauftrag für die Politik.

Für einige Aktivisten wurde die Ökologie zwischenzeitlich zur Ideologie, die alle Lebensbereiche dominiert. Zeitweilig scheute man in diesem Lager auch nicht vor dramatisierenden Zuspitzungen und offenen Falschaussagen zurück, insofern sie nur dem gewünschten Ziel dienten. Immer wieder mahnt man seit Beginn der Ökobewegung vor dem „unmittelbar bevorstehenden Weltuntergang". Dieser könne nur verhindert werden, wenn man sofort alle momentan angedachten Umwelt-Forderungen umsetze. Fälschlich prognostizierte man beispielsweise in den 1960er Jahren die große Zukunft der Atomkraft als mutmaßlich sauberer Energie. In den 1970er Jahren sagte man das sichere Ende des Erdöls bis zur Jahrtausendwende voraus. Wenig später schreckte man die Bevölkerung mit vorgeblich vergiftetem Trinkwasser, dem bald bevorstehenden Atomtod und dem unumkehrbaren Sterben der Wälder. Zeitweilig warnte man massiv vor jeder Gentechnologie und prognostizierte eine künftige Eiszeit. Zwischenzeitlich ergeben sich ganz neue Weltuntergangsszenarien.[102] Greenpeace, WWF und andere große Umweltschutzorganisationen machen vor allem durch spektakuläre, medienwirksame Aktionen auf ihr Anliegen aufmerksam. Ökologische

Zukunftsprognosen wie *Grenzen des Wachstums* (1972) oder *Global 2000* (1977) wollten nicht nur objektiv informieren, sondern durch ihr Schreckensszenario zum sofortigen Handeln animieren. Weil sich ein Großteil ihrer Prognosen im Rückblick als falsch herausgestellt hat, werden neue Umweltstudien vermehrt mit einer gewissen Skepsis wahrgenommen.

Trotz aller Übertreibungen ist es natürlich wichtig, dass die immer stärker wachsende Weltbevölkerung sich der offensichtlichen Probleme ihrer exzessiven Naturnutzung bewusst wird und sich schon allein im eigenen Interesse nicht die zukünftige Lebensgrundlage zerstört.

Obwohl die Bibel natürlich kein ökologisches Fachbuch ist oder gar Anweisungen für umweltpolitische Detailfragen gibt, finden sich in ihr christliche Grundprinzipien über die Beziehung des Menschen zur übrigen Schöpfung.

Gott ist der Schöpfer und dauerhafte Eigentümer des ganzen Universums einschließlich aller Pflanzen und Tiere (Psalm 50,10). Als lebendige Wesen haben sie eine eigene von Gott verliehene Würde. Folglich darf der Mensch die Natur nicht willkürlich gebrauchen oder zerstören. Gott stellt sich auch als Erhalter und Versorger der Natur vor. „Alle deine Geschöpfe warten auf dich, dass du ihnen Nahrung gibst zur richtigen Zeit. [...] Du verbirgst dein Gesicht: Sie werden verstört. Du entziehst ihren Atem: Sie sterben dahin [...]" (Psalm 104,27-29). Gott ist es auch, der trotz aller Naturkatastrophen oder menschengemachten Umweltschädigungen das Ganze des irdischen Ökosystems grundsätzlich zu erhalten versprach (1. Mose 8,16.21f.).

Die Natur wurde von Gott primär als Lebensraum für den Menschen gestaltet (1. Mose 2,5ff.). Der mit Verstand und dem Geist Gottes ausgestattete Mensch darf sich der Natur für eigene Zwecke bedienen und kann sie auch in gewissem Rahmen umgestalten. Außerdem bekam er von Gott eine Herrschaftsverantwortung über die Natur zugesprochen: „Der Mensch soll über die Fische im Meer herrschen, über die Vögel am Himmel und über die Landtiere, über die ganze Erde und alles, was auf ihr kriecht!" (1. Mose 1,26-28). Obwohl der Mensch äußerlich gesehen auch ein biologisches Wesen ist, steht er damit über der übrigen Schöpfung. Er hilft, Tiere zu schützen und Lebensräume zu erhalten. Seinen Haustieren ermöglicht er ein weit angenehmeres Leben, als es in freier Wildbahn möglich wäre. Nach Rabbi Raschi bedeutet das im Deutschen mit *herrschen* wiedergegebene Wort „genauso Herrschaft wie Knechtschaft – wenn er würdig ist, herrscht der Mensch über die Vögel und die Tiere, wenn er es nicht wert ist, wird er tiefer sinken als sie, und sie werden über ihn regieren." [103] Erweist sich der Mensch dauerhaft als nicht würdig, verliert er seine Autorität und damit seinen Auftrag. [104]

Im Auftrag Gottes soll der Mensch die Natur „bebauen und bewahren" (1. Mose 2,15). Einerseits darf er sie für eigene Zwecke formen und gebrauchen. Andererseits ist er nur Nutzer und nicht Eigentümer der Schöpfung. Weil die Natur auch weiterhin Gott gehört, darf der Mensch sie nicht willkürlich zerstören oder aus kurzsichtigem Gewinninteresse dauerhaft schädigen.[105] Im Rahmen seiner Möglichkeiten ist der Mensch Verwalter und Erhalter der Natur. In dieser Hinsicht ist er nicht nur ein Getriebener, sondern ein aktiv Handelnder.[106]

In der ökologischen Diskussionen wird der christliche Glaube häufig für die Trennung zwischen Natur und Mensch verantwortlich gemacht und damit für die Zerstörung der Umwelt. Demgegenüber werden Naturreligionen und asiatische Glaubenssysteme als ökologisch korrekte Alternative vorgestellt. Tatsächlich hebt die christliche Schöpfungslehre den Menschen außerordentlich hervor, ohne ihn damit allerdings von seiner Umwelt zu lösen. Gerade seine herausgehobene Stellung ermöglicht es ihm, seine Verantwortung für die Schöpfung Gottes zu übernehmen und nicht nur von bloßen Instinkten geleitet zu werden, die keine bewusste Rücksichtnahme vorsehen. Die konsequente Entmystifizierung der Natur kann genutzt werden, um die Umwelt auszubeuten, aber auch, um sie zu schützen, weil der Mensch erkennt, dass die Natur eben nicht immer automatisch das Beste für die gesamte Schöpfung hervorbringt.

Obwohl sie primär religiöse Bedeutung haben, lassen sich bei den alttestamentlichen Speisegeboten auch ökologische Aspekte erkennen. Tiere, die sich von Ähnlichem ernähren wie der Mensch, wurden zum Verzehr und zur Haltung verboten, damit die entsprechenden Nahrungsmittel direkt der menschlichen Versorgung zugutekommen. Tiere wie Kühe hingegen, die Gras fressen, von dem der Mensch sich bekanntlich nicht ernähren kann, wurden zum Verzehr erlaubt (3. Mose 11,2-7). Damit wurden alle natürlichen Ressourcen aus menschlicher Perspektive optimal genutzt.[107]

Fische durften von Menschen gegessen werden, Frösche hingegen nicht (3. Mose 11,9-11). In der Umwelt des alten Israel war das hilfreich, weil gerade Frösche viele Insekten, insbesondere Fliegen fraßen, die für den Menschen als Krankheitsüberträger und landwirtschaftliche Schädlinge problematisch waren. Gerade in den fruchtbaren, aber sumpfigen Ebenen am Mittelmeer und dem Hule-See nisteten viele Insekten, die unter anderem auch Malaria übertrugen.

Raubvögel sollten nach den Regeln des Alten Testaments nicht geschlachtet und gegessen werden (3. Mose 11,13-19). Das war ökologisch eindeutig vorteilhaft, weil sich diese Vögel vorwiegend von Mäusen und Ratten ernährten, die dem Menschen als Krankheitsüberträger gefährlich werden konnten. Außerdem schadeten viele Nager der Ernte des Menschen, weil sie selbst aus Vorratsräumen große Mengen Getreide und Gemüse fraßen.

Ägyptern und Babyloniern waren ökologische Regeln weitgehend unbekannt. Die belebte Natur wurde entweder sakralisiert und damit dem Handeln des Menschen entzogen oder als bloßer Besitz und Verfügungsmasse des Menschen behandelt.[108] Bei Griechen und Römern wurden die ökologischen Ressourcen ohne Berücksichtigung ihrer langfristigen Erhaltung genutzt. Durch die Abholzung weiter Flächen für den Haus- und Schiffbau entstanden bis heute verödete Landschaften. Antike Gelehrte bestritten die Möglichkeit der Übernutzung und Auslaugung landwirtschaftlich genutzter Böden. Nach jahrhundertelangem Raubbau wurden Böden unfruchtbar, und Getreide musste daraufhin in großen Mengen importiert werden. Entgegen jüdisch-christlichem Verständnis holzten die Römer die Bäume ihrer Feinde ab und streuten Salz auf die Äcker Karthagos, um sie langfristig unfruchtbar zu machen.[109]

Alte Olivenbäume im Mittelmeerraum

Im Gegensatz zu den meisten Völkern des Alten Orients war es den Israeliten auch in Kriegszeiten streng verboten, die Bäume ihrer Feinde abzuschlagen (5. Mose 20,19). Mit dem Fällen der Olivenbäume konnte man seine Gegner militärisch durchaus hart treffen. Feinden wurde langfristig ein wichtiger Teil der Lebensgrundlage geraubt und somit langfristiger Schaden zugefügt. Das Verbot dieser Kriegs-Strategie war nicht nur in Nächstenliebe begründet, sondern hatte auch positive ökologische Auswirkungen.

Wurden Bäume im großen Stil gefällt, beeinträchtigte das nicht nur die gegnerische Landwirtschaft, sondern trug zur massiven Austrocknung und Erosion der Böden bei. Oftmals gingen in der Antike durch diese Kriegstaktik große Flächen landwirtschaftlicher Nutzung dauerhaft verloren. Tiefgreifende ökologische Probleme und einschneidende Hungersnöte waren gewöhnlich die Folge.

Wer nach den Maßstäben Gottes leben wollte, behandelte zu alttestamentlichen Zeiten auch die ihm anvertrauten Tiere ordentlich (Sprüche 12,10). Als von Gott geschaffene Wesen erkannte man ihnen einen unveräußerlichen Eigenwert zu. Selbstverständlich sollte der Fromme seine Tiere nicht quälen, ausnutzen oder hungern lassen (5. Mose 25,4). Der Prophet Bileam beispielsweise, der grundlos auf seinen Esel einschlug, wurde deshalb von Gott deutlich zur Ordnung gerufen (4. Mose 22,27-32). Landwirten wurde befohlen, auch ihre Tiere am Sabbat ruhen zu lassen (2. Mose 20,10).

Überhaupt wird der Mensch von Gott immer wieder aufgefordert, sich nicht an Irdisches zu binden, weder an materielle Reichtümer, noch an irgendeinen anderen Teil der Schöpfung. All das wird als vordergründig und vergänglich qualifiziert. Sein Herz und seine eigentliche Sehnsucht aber soll der Mensch auf das Ewige richten, auf das, was nur jenseits der materiellen Welt zu finden ist. „Wir starren nicht auf das Sichtbare, sondern nach dem Unsichtbaren halten wir Ausschau. Denn alles, was wir jetzt sehen, vergeht nach kurzer Zeit. Das Unsichtbare aber hat ewig Bestand" (2. Korinther 4,18, NeÜ;

vgl. Matthäus 6,19ff.). Konsum und materieller Besitz können den Menschen auf Dauer nicht erfüllen. Bei jemandem, der nach diesem Prinzip Gottes lebt, sinkt die Motivation erheblich, die Natur vorschnell auszubeuten oder zu schädigen. Die mögliche Aussicht, aus dem Missbrauch der Tiere und der übrigen Natur kurzzeitigen, materiellen Gewinn zu schlagen, verliert dann erheblich an Bedeutung.

Die mutwillige Zerstörung der Natur betrifft nicht nur Tiere und Pflanzen, sondern natürlich auch die momentan und zukünftig lebenden Mitmenschen. Umweltbelastendes Verhalten erschwert oftmals anderen ihr Leben. Weil Menschen sich eben nicht alleine in dieser Welt befinden, beeinflusst das Verhalten des einen auch alle anderen. Echte Nächstenliebe kann deshalb die zur Verfügung stehenden Ressourcen nicht egoistisch ausnutzen oder den Boden und die Luft belasten, ohne dabei das Wohl anderer Personen im Blick zu behalten (Jesaja 10,1ff.; Markus 12,31; Lukas 3,11).

Nicht vergessen werden darf in diesem Zusammenhang die Ankündigung Gottes, jedes falsche Verhalten schlussendlich zu bestrafen. Wer also leichtfertig die Schöpfung Gottes zerstört oder gleichgültig seinen Mitmenschen gegenüber handelt, wird von Gott zur Rechenschaft gezogen (Römer 2,6; Offenbarung 20,12). – Auch wenn einem Christen die Sünden grundsätzlich vergeben wurden, sollte er natürlich nicht leichtfertig neue aufhäufen.

Der Mensch lebt in einer *Schicksalsgemeinschaft* mit der übrigen belebten Natur. Weil er sich seit dem Sündenfall grundsätzlich von Gott abgekehrt hat, gibt es bis heute Leid und Tod in der Welt. Die gegenwärtige Schöpfung existiert nicht mehr in der Perfektion, in der Gott sie ursprünglich konstruiert und geschaffen hatte. Auch Tiere leiden unter Krankheiten, Hunger, Parasiten, Naturkatastrophen und Fressfeinden. Sie sehnen sich danach, dass diese Epoche beendet wird und Gott sein Friedensreich aufrichtet (Römer 8,22f.). In der von Gott erneuerten Welt werden auch Tiere schließlich wieder friedlich und ohne Leiden miteinander und mit dem Menschen leben: „Dann ist der Wolf beim Lamm zu Gast, und neben dem Böckchen liegt ein Leopard. Kalb und Löwenjunges wachsen miteinander auf; ein kleiner Junge hütet sie" (Jesaja 11,6, NeÜ; vgl. 65,25). Keinerlei ökologische Probleme werden dann mehr den Menschen und die übrige Schöpfung bedrohen.[110]

Bis dahin allerdings werden Tiere und Pflanzen leiden, ganz gleich, wie sehr Landwirtschaft und andere Formen der Naturnutzung umorganisiert werden. Natürlich kann das Leiden der Natur durch einen angemessenen Umgang mit ihr gemildert werden. Ganz beseitigt werden aber kann es nicht. Erst Gott wird durch sein übernatürliches Eingreifen die durch ihre prinzipielle Pervertierung zerstörten Strukturen der Natur grundlegend erneuern. „Gott selbst wird als ihr Gott bei ihnen sein. Jede Träne wird er von ihren Augen wischen. Es wird keinen Tod mehr geben und auch keine Traurigkeit, keine Klage, keinen Schmerz. Was früher war, ist für immer vorbei" (Offenbarung 21,3b-4.)

Sozusagen als „Mitarbeiter Gottes" steht der Mensch vorerst noch über der restlichen Schöpfung und ist für sie verantwortlich. Auch wenn viele Ökoaktivisten das heute als „Anthropozentrismus" abqualifizieren, entspricht dieses Verhältnis der von Gott entworfenen Weltordnung.[111] Indirekt belegen zahlreiche Ökoprojekte eine stillschweigende Übereinstimmung mit diesem Grundprinzip. Immerhin geht man mit großer Sicherheit davon aus, dass die entworfenen menschlichen Strategien das Aussterben bestimmter Tierarten ebenso verhindern kann wie Umweltkatastrophen. Trotz aller anderslautenden Beteuerungen sind auch die meisten Ökoaktivisten fest davon überzeugt, eine gewisse Verantwortung für die Natur zu haben, also in gewisser Weise über ihr zu stehen und nicht nur ihr weitgehend blinder Bestandteil zu sein.

Durch die Beobachtung der Natur erkennen alle Menschen, dass es einen Gott geben muss, der all diese Schönheit und Komplexität entworfen hat und beständig erhält. Doch statt diesen Schöpfer anzuerkennen und ihm zu danken, tendieren viele Menschen dazu, dessen Werk, die Schöpfung zu vergöttlichen (Römer 1,18-25). Als Folge setzen Menschen sich und andere gewöhnlich massiv unter Druck, um die Natur „zu retten" oder den mutmaßlichen, ökologischen „Weltuntergang" gerade noch zu verhindern. Zumeist geht dabei auch schnell die besondere Stellung des Menschen in der Schöpfung verloren. Gelegentlich wird der Mensch dann sogar als „Parasit des Planeten" diskreditiert.

Nicht selten werden ökologische Ängste bewusst geweckt und dann benutzt, um andere politisch-ideologischen Ziele durchzusetzen. Aus christlicher

Sicht soll der Mensch Verantwortung für seine Umwelt als zeitweiliger Leihgabe Gottes übernehmen. Nach bestem Wissen und Gewissen soll er sie erhalten, ohne darin allerdings eigentliche Erfüllung oder Lebenssinn finden zu wollen. Nur in der persönlichen Beziehung zu Gott erreicht der Mensch sein individuelles Ziel und seine geistliche Erlösung. Erst als von Gott beauftragter Verwalter der Schöpfung kann er sich schützend und bewahrend engagieren, ohne sich mit dieser Aufgabe selbst zu überfordern.

Christen und Klimaschutz

Ganz offensichtlich ist der Klimaschutz keine Kernfrage christlichen Glaubens. Weder sollten Christen einer weiteren Ideologisierung des Klimaschutzes Vorschub leisten, noch sollten sie sich undifferenziert den Thesen der Klimaskeptiker anschließen. Die größte Herausforderung gläubiger Christen besteht wohl darin, im ganz normalen Alltag sorgsam mit der Schöpfung Gottes umzugehen und sie verantwortungsvoll zu gebrauchen. Eine leichtfertige Zerstörung oder Ausbeutung der Natur ist kein Zeichen glaubwürdigen, christlichen Lebens.

Eine besondere Verantwortung aber tragen Christen durch ganz spezifische theologische und technische Beiträge, mit denen sie die Umweltdebatte prinzipiell bereichern können. Im Vertrauen auf Gott sind Gläubige gelegentlich in der Lage, mit ihrem jeweiligen fachspezifischen Vorwissen ganz neue, effektive Beiträge zum Klimaschutz zu liefern. Ein in dieser Hinsicht hervorragendes Beispiel ist der

Australier Tony Rinaudo, Träger des *Alternativen Nobelpreises* 2018 („*Right Livelihood Award*").

Während einer langanhaltenden Dürre in den 1970er Jahren kam der überzeugte Christ Rinaudo in den Niger. Von internationalen Organisationen gefördert sollten im großen Stil Bäume gepflanzt werden. Innerhalb von sieben Jahren und Kosten von 160 Millionen Dollar konnten man auf diese Weise 20 000 Hektar wiederaufforsten. Der Erfolg blieb aber ganz wesentlich hinter den ursprünglichen Erwartungen zurück.

Auf der Suche nach Alternativen fielen Rinaudo die Millionen von verdorrten Büschen und Wurzelresten ins Auge, die sich nach eingehenderer Untersuchung größtenteils als frühere Bäume entpuppten. Damals entstand die Idee, die vorhandenen Wurzeln so zu pflegen und zu schützen, dass sich daraus wieder voll ausgebildete Bäume entwickeln konnten.[112]

Ab 1983 konzipierte Tony Rinaudo seine *Farmer Managed Natural Regeneration* (FMNR) genannte Methode. Dabei werden unter der Erde verborgene Wurzeln ehemals gerodeter Bäume oder bereits vorhandene Büsche so beschnitten und gepflegt, dass daraus wieder voll ausgebildete Bäume wachsen. In der Praxis hat sich dieser Weg als sehr erfolgreich und sensibel den vorfindlichen, kulturellen Gegebenheiten gegenüber erwiesen.[113]

Diese Rückholung veröderter Bäume verändert eine Landschaft grundlegend. Bereits 40 Bäume pro Hektar schützen die Feldfrüchte vor zu viel Wind und Sonne und verbessern die Bodenfruchtbarkeit

erheblich. Manche Baumarten bilden im Boden landwirtschaftlich nutzbaren Stickstoff. Die organische
Substanz abgefallener Blätter und Blüten wirkt darüber hinaus als natürlicher Dünger. Durch Verschat-
tung der Bäume sinkt die Luft- und die Bodentem-
peratur messbar. In Wüsten und Steppenregionen
kann sich der Ernteertrag im Schatten der Wälder
leicht verdoppeln.

Rückstände von Hirse auf einem Feld in der Trockenzeit, Region
Damagaram Takaya, Republik Niger, 2013

Überraschend schnell zeigte Rinaudos Programm
erste Erfolge. Trotzdem gab es erwartungsgemäß
auch Widerstand. Manche Landwirte holzten die
frisch nachgewachsenen Bäume für schnelles Feu-
erholz einfach wieder ab. Andere spotteten über die
Pflege der kleinen Bäume, weil es sich dabei um eine
ihnen bisher unbekannte Methode handelte, der sie
deshalb misstrauten.

Inzwischen ist Rinaudos Wiederaufforstungs-programm ein durchschlagender, medial aber kaum wahrgenommener Erfolg. „2004 gab es in Niger fünf Millionen Hektar mit einer durchschnittlichen Baum-dichte von 40 Bäumen pro Hektar. Also rund 200 Millionen Bäume [...] Jetzt sind es schon über sechs Millionen, das hat eine neue Auswertung ergeben. In sechs oder sieben Ländern Westafrikas gibt es jetzt rund 20 Millionen Hektar neuen Baumbestand. Das Bild in den Medien ist immer noch, dass die Wüste sich in Richtung Süden ausbreitet. Aber das Gegen-teil ist der Fall."[114] Raum für eine weitere Anwendung des FMNR gibt es genug. Dieses Konzept hilft den lokalen Bauern effektiv und nachhaltig. Es ist relativ leicht anwendbar und trägt deutlich zur Minderung des Treibhauseffekts bei. Gerade angesichts einer drohenden Klimaerwärmung und zunehmender Ent-waldung in einigen Regionen der Welt verweist Ri-naudo darauf, dass Wiederaufforstung weder teuer noch abhängig von Spitzentechnologie sein muss.

Zwischenzeitlich können „mit der FMNR-Methode allein im Niger – ohne Dünger und ohne staatliche Zuschüsse – jedes Jahr 500 000 Tonnen Getreide zusätzlich produziert werden, in einem der ärms-ten Länder der Erde, nahe der Wüste."[115] Als Neben-effekt dieser erfolgreichen Wiederaufforstung gin-gen im Niger die Kriminalität und andere Konflikte massiv zurück. Weil nun weit weniger Menschen ums Überleben kämpfen müssen, verhalten sie sich untereinander deutlich friedlicher. In Äthiopien trug die Begrünung dazu bei, dass mehr junge Menschen in der Heimat blieben, weil sich ihnen jetzt eine realistische Perspektive bot. Auch Flüchtlingsströme können durch effektive Verbesserung der Landwirtschaft, beispielsweise durch Aufforstung, positiv beeinflusst werden.

Für Chris Reij, einem leitenden Wissenschaftler des *Weltressourceninstituts* mit Sitz in Washington D.C., ist Rinaudos Programm die bedeutendste positive Veränderung des Sahel und „vielleicht ganz Afrikas" seit Jahrzehnten.[116]

Als Tony Rinaudo erstmals in den Niger reiste, um der hungernden Bevölkerung zu helfen, trieb ihn eine ausgesprochen christliche Motivation dazu an: „Gott, vergib uns, dass wir das Geschenk deiner Schöpfung kaputt machen. Deswegen müssen die Menschen hier hungern. [...] Öffne unsere Augen für das, was wir tun sollen!"[117] Beständig betont Rinaudo auch heute noch seinen Glauben und warnt vor einem falschen Entweder-Oder zwischen ökologischem Engagement und Verkündigung des Evangeliums: „Alles, was ich tue, geschieht aus meiner christlichen Überzeugung heraus, dass wir unseren Nächsten lieben und dass wir Gottes Schöpfung bewahren sollen. Menschen beizubringen, was sie tun können, um auf Gottes Schöpfung aufzupassen, ist eine wunderbare Art, Nächstenliebe zu zeigen."[118]

Rinaudo will Christen motivieren, auf eine unnötige Belastung der Natur zu verzichten, weil sie die wunderbare Schöpfung Gottes ist. Ohne das ideologisch zu überhöhen, können ganz alltägliche Entscheidungen dazu beitragen, die begrenzten Ressourcen der Erde zu schützen. Schon mit etwas Aufmerksamkeit ist es leicht möglich, Müll zu vermeiden, lokal gezogenes Gemüse zu essen, auf nicht notwendige Neuanschaffungen zu verzichten, ein sparsameres Auto zu fahren usw.

Angesichts augenfälliger ökologischer und sozialer Probleme bemängelt Rinaudo ein verbreitetes Desinteresse: „Viele Christen kümmern sich herzlich wenig für ihre Umwelt. Generell tun ausgerechnet Gläubige erschreckend wenig, um die Natur zu schützen."[119] Manche Christen lehnten es sogar ab, sich überhaupt ernsthaft mit diesem Thema zu beschäftigen. Wer jedoch das Evangelium predigt, sollte auch daran interessiert sein, unter welchen Umständen die geistlichen Geschwister am Ende der Welt leben können.

Fazit

Dass der allmächtige Gott immer eingreifen kann und es gelegentlich auch tut, sollte nach der Bibel niemals als Entschuldigung für eigene Nachlässigkeit dienen. Natürlich kann Gott jederzeit Hungernde speisen, Kranke heilen und Kriege beenden. Und doch werden in der Bibel immer wieder Menschen dafür verantwortlich gemacht, dass sie nicht aktiv geworden sind, um Arme zu unterstützen oder dort Frieden zu stiften, wo es ihnen möglich gewesen wäre (Matthäus 5,9; 25,34-42). Natürlich gibt es Grenzen des Menschenmöglichen, bei denen nur noch auf Gottes Eingreifen gehofft werden muss. Immer aber ist der Mensch Gott vor allem für das Rechenschaft schuldig, was er realistischerweise tun oder unterlassen kann. Das gilt zweifellos auch für seinen Umgang mit der Schöpfung Gottes. Christen

sollten ihren Weg finden zwischen einer Vergötte-
rung der Natur und ihrer rücksichtslos-egoistischen
Ausbeutung, der sowohl die Zukunft als auch die dadurch verursachten Leiden weitgehend gleichgültig
sind.

ANHANG: BIBELTEXTE ZU DEN SEITEN 82-102[1]

SEITE 82:

Matthäus 6,33; 16,26

So seid nun nicht besorgt um den morgigen Tag! Denn der morgige Tag wird für sich selbst sorgen. Jeder Tag hat an seinem Übel genug.

Denn was wird es einem Menschen nützen, wenn er die ganze Welt gewönne, aber sein Leben einbüßte? Oder was wird ein Mensch als Lösegeld geben für sein Leben?

Prediger 5,9; Lukas 12,15; 1. Timotheus 6,9

Wer Geld liebt, wird des Geldes nicht satt, und wer den Reichtum liebt, nicht des Ertrages. Auch das ist Nichtigkeit.

Er sprach aber zu ihnen: Seht zu und hütet euch vor aller Habsucht! Denn auch wenn jemand Überfluss hat, besteht sein Leben nicht aus seiner Habe.

Die aber reich werden wollen, fallen in Versuchung und Fallstrick und in viele unvernünftige und schädliche Begierden, welche die Menschen in Verderben und Untergang versenken.

---

1 Bereits zitierte Texte sind nicht noch einmal wiedergegeben.

Lukas 3,10-11; 1. Timotheus 6,17-19; 1. Johannes 3,17

Und die Volksmengen fragten ihn und sprachen: Was sollen wir denn tun? Er aber antwortete und sprach zu ihnen: Wer zwei Unterkleider hat, gebe dem ab, der keins hat; und wer Speise hat, tue ebenso!

Den Reichen in dem gegenwärtigen Zeitlauf gebiete, nicht hochmütig zu sein, noch auf die Ungewissheit des Reichtums Hoffnung zu setzen – sondern auf Gott, der uns alles reichlich darreicht zum Genuss –, Gutes zu tun, reich zu sein in guten Werken, freigebig zu sein, mitteilsam, indem sie sich selbst eine gute Grundlage auf die Zukunft sammeln, um das wirkliche Leben zu ergreifen.

Wer aber irdischen Besitz hat und sieht seinen Bruder Mangel leiden und verschließt sein Herz vor ihm, wie bleibt die Liebe Gottes in ihm?

SEITE 87:
Psalm 50,10

Denn mein ist alles Getier des Waldes, das Vieh auf tausend Bergen.

(Psalm 104,27-29)

SEITE 88:
1. Mose 8,16.21f

Geh aus der Arche heraus, du und deine Frau und deine Söhne und die Frauen deiner Söhne mit dir! ... und der HERR sprach in seinem Herzen: Nicht noch einmal will ich den Erdboden verfluchen wegen des Menschen; denn das Sinnen des menschlichen Herzens ist böse von seiner Jugend an; und nicht noch einmal will ich alles Lebendige schlagen, wie ich getan habe. Von nun an, alle Tage der Erde, sollen nicht aufhören Saat und Ernte, Frost und Hitze, Sommer und Winter, Tag und Nacht.

1. Mose 2,5ff

... noch war all das Gesträuch des Feldes nicht auf der Erde, und noch war all das Kraut des Feldes nicht gesprosst, denn Gott, der HERR, hatte es noch nicht auf die Erde regnen lassen, und noch gab es keinen Menschen, den Erdboden zu bebauen; ein Dunst aber stieg von der Erde auf und bewässerte die ganze Oberfläche des Erdbodens –, da bildete Gott, der HERR, den Menschen, aus Staub vom Erdboden und hauchte in seine Nase Atem des Lebens; so wurde der Mensch eine lebende Seele. Und Gott, der HERR, pflanzte einen Garten in Eden im Osten, und er setzte dorthin den Menschen, den er gebildet hatte.

(1. Mose 1,26-28)

1. Mose 2,15

Und Gott, der HERR, nahm den Menschen und setzte ihn in den Garten Eden, ihn zu bebauen und ihn zu bewahren.

SEITE 89:
3. Mose 11,2-7

Redet zu den Söhnen Israel: Dies sind die Tiere, die ihr von allen Tieren, die auf der Erde sind, essen dürft! Alles, was gespaltene Hufe hat, und zwar wirklich aufgespaltene Hufe, und was wiederkäut unter den Tieren, das dürft ihr essen. Nur diese von den wiederkäuenden und von denen, die gespaltene Hufe haben, dürft ihr nicht essen: das Kamel, denn es käut wieder, aber gespaltene Hufe hat es nicht: unrein soll es euch sein; den Klippdachs, denn er käut wieder, aber er hat keine gespaltenen Hufe: unrein soll er euch sein; den Hasen, denn er käut wieder, aber er hat keine gespaltenen Hufe: unrein soll er euch sein; das Schwein, denn es hat gespaltene Hufe, und zwar wirklich aufgespaltene Hufe, aber es käut nicht wieder: unrein soll es euch sein.

SEITE 90:
3. Mose 11,9-11

Dieses dürft ihr essen von allem, was im Wasser ist: Alles, was Flossen und Schuppen hat im Wasser, in den Meeren und in den Flüssen, das dürft ihr essen. Aber alles, was keine Flossen und Schuppen hat in den Meeren und in den Flüssen von allem Gewimmel des Wassers und von jedem Lebewesen, das im Wasser ist, sie sollen euch etwas Abscheuliches sein. Ja, etwas Abscheuliches sollen sie euch sein: Von ihrem Fleisch sollt ihr nicht essen, und ihr Aas sollt ihr verabscheuen.

3. Mose 11,13-19

Und diese von den Vögeln sollt ihr verabscheuen – sie sollen nicht gegessen werden, etwas Abscheuliches sind sie: den Adler und den Lämmergeier und den Mönchsgeier und die Gabelweihe und die Königsweihe nach ihrer Art, alle Raben nach ihrer Art und die Straußenhenne und den Falken und die Seemöwe] und den Habicht nach seiner Art und den Steinkauz und die Fischeule und den Ibis und die Schleiereule und den Wüstenkauz und den Aasgeier und den Storch und den Fischreiher nach seiner Art und den Wiedehopf und die Fledermaus.

SEITE 91:

5. Mose 20,19

Wenn du eine Stadt viele Tage belagerst, um gegen sie zu kämpfen und sie einzunehmen, sollst du ihre Bäume nicht vernichten, indem du die Axt gegen sie schwingst. Denn du kannst von ihnen essen; du sollst sie nicht abhauen. Ist etwa der Baum des Feldes ein Mensch, dass er von dir mitbelagert werden sollte?

SEITE 92:

Sprüche 12,10

Der Gerechte kümmert sich um das Wohlergehen seines Viehes, aber das Herz der Gottlosen ist grausam.

5. Mose 25,4

Du sollst dem Ochsen nicht das Maul verbinden, wenn er drischt.

4. Mose 22,27-32

Und als die Eselin den Engel des HERRN sah, legte sie sich hin unter Bileam. Da entbrannte der Zorn Bileams, und er schlug die Eselin mit dem Stock. Da öffnete der HERR den Mund der Eselin, und sie sagte zu Bileam: Was habe ich dir getan, dass du mich nun schon dreimal geschlagen hast? Bileam sagte zu der Eselin: Weil du Mutwillen mit mir getrieben hast. Hätte ich doch ein Schwert in meiner Hand! Gewiss hätte ich dich jetzt erschlagen! Und die Eselin sagte zu Bileam: Bin ich nicht deine Eselin, auf der du geritten bist von jeher bis zum heutigen Tag? War es je meine Gewohnheit, dir so etwas zu tun? Und er sagte: Nein. Da enthüllte der HERR die Augen Bileams, und er sah den Engel des HERRN mit seinem gezückten Schwert in seiner Hand auf dem Weg stehen; und er neigte sich und fiel nieder auf sein Angesicht. Und der Engel des HERRN sprach zu ihm: Warum hast du deine Eselin nun schon dreimal geschlagen? Siehe, ich selbst bin ausgegangen, um dir entgegenzutreten, denn der Weg stürzt dich ins Verderben vor mir.

2. Mose 20,10
Aber der siebte Tag ist Sabbat für den HERRN, deinen Gott. Du sollst an ihm keinerlei Arbeit tun, du und dein Sohn und deine Tochter, dein Knecht und deine Magd und dein Vieh und der Fremde bei dir, der innerhalb deiner Tore wohnt.

(2. Korinther 4,18, NeÜ)

SEITE 93:
Matthäus 6,19ff.
Sammelt euch nicht Schätze auf der Erde, wo Motte und Fraß zerstören und wo Diebe durchgraben und stehlen; sammelt euch aber Schätze im Himmel, wo weder Motte noch Fraß zerstören und wo Diebe nicht durchgraben noch stehlen! Denn wo dein Schatz ist, da wird auch dein Herz sein.

Jesaja 10,1ff.; Markus 12,31; Lukas 3,11
Wehe denen, die Ordnungen des Unheils anordnen, und den Schreibern, die Mühsal schreiben, um die Geringen von ihrem Rechtsanspruch zu verdrängen und den Elenden meines Volkes ihr Recht zu rauben, damit die Witwen ihr Plündergut werden und sie die Waisen plündern!

Das zweite ist dies: „Du sollst deinen Nächsten lieben wie dich selbst!" Größer als diese ist kein anderes Gebot.

Er aber antwortete und sprach zu ihnen: Wer zwei Unterkleider hat, gebe dem ab, der keins hat; und wer Speise hat, tue ebenso!

Römer 2,6; Offenbarung 20,12

[Gott], der einem jeden vergelten wird nach seinen Werken.

Und ich sah die Toten, die Großen und die Kleinen, vor dem Thron stehen, und Bücher wurden geöffnet; und ein anderes Buch wurde geöffnet, welches das des Lebens ist. Und die Toten wurden gerichtet nach dem, was in den Büchern geschrieben war, nach ihren Werken.

SEITE 94:
Römer 8,22f

Denn wir wissen, dass die ganze Schöpfung zusammen seufzt und zusammen in Geburtswehen liegt bis jetzt. Nicht allein aber sie, sondern auch wir selbst, die wir die Erstlingsgabe des Geistes haben, auch wir selbst seufzen in uns selbst und erwarten die Sohnschaft; die Erlösung unseres Leibes.

(Jesaja 11,6, NeÜ); vgl. Jesaja 65,25

Wolf und Lamm werden zusammen weiden; und der Löwe wird Stroh fressen wie das Rind; und die Schlange: Staub wird ihre Nahrung sein. Man wird nichts Böses und nichts Schlechtes tun auf meinem ganzen heiligen Berg, spricht der HERR.

(Offenbarung 21,3b-4)

SEITE 95:
Römer 1,18-25

Denn es wird offenbart Gottes Zorn vom Himmel her über alle Gottlosigkeit und Ungerechtigkeit der Menschen, welche die Wahrheit durch Ungerechtigkeit niederhalten, weil das von Gott Erkennbare unter ihnen offenbar ist, denn Gott hat es ihnen offenbart. Denn sein unsichtbares Wesen, sowohl seine ewige Kraft als auch seine Göttlichkeit, wird seit Erschaffung der Welt in dem Gemachten wahrgenommen und geschaut, damit sie ohne Entschuldigung seien; weil sie Gott kannten, ihn aber weder als Gott verherrlichten noch ihm Dank darbrachten, sondern in ihren Überlegungen in Torheit verfielen und ihr unverständiges Herz verfinstert wurde. Indem sie sich für Weise ausgaben, sind sie zu Narren geworden und haben die Herrlichkeit des unvergänglichen Gottes verwandelt in das Gleichnis eines Bildes vom vergänglichen Menschen und von Vögeln und von vierfüßigen und kriechenden Tieren. Darum hat Gott sie dahingegeben in den Begierden ihrer Herzen in die Unreinheit, ihre Leiber untereinander zu schänden, sie, welche die Wahrheit Gottes in die Lüge verwandelt und dem Geschöpf Verehrung und Dienst dargebracht haben statt dem Schöpfer, der gepriesen ist in Ewigkeit. Amen.

SEITE 101:
Matthäus 5,9; 25,34-42

Glückselig die Friedensstifter, denn sie werden Söhne Gottes heißen.

Dann wird der König zu denen zu seiner Rechten sagen: Kommt her, Gesegnete meines Vaters, erbt das Reich, das euch bereitet ist von Grundlegung der Welt an! Denn mich hungerte, und ihr gabt mir zu essen; mich dürstete, und ihr gabt mir zu trinken; ich war Fremdling, und ihr nahmt mich auf; nackt, und ihr bekleidetet mich; ich war krank, und ihr besuchtet mich; ich war im Gefängnis, und ihr kamt zu mir. Dann werden die Gerechten ihm antworten und sagen: Herr, wann sahen wir dich hungrig und speisten dich? Oder durstig und gaben dir zu trinken? Wann aber sahen wir dich als Fremdling und nahmen dich auf? Oder nackt und bekleideten dich? Wann aber sahen wir dich krank oder im Gefängnis und kamen zu dir? Und der König wird antworten und zu ihnen sagen: Wahrlich, ich sage euch, was ihr einem dieser meiner geringsten Brüder getan habt, habt ihr mir getan. Dann wird er auch zu denen zur Linken sagen: Geht von mir, Verfluchte, in das ewige Feuer, das bereitet ist dem Teufel und seinen Engeln! Denn mich hungerte, und ihr gabt mir nicht zu essen; mich dürstete, und ihr gabt mir nicht zu trinken;

BILDNACHWEIS

Seite 64

Albrecht Dürer artist QS:P170,Q5580 (https://commons.wikimedia.org/wiki/File:Durer_Revelation_Four_Riders.jpg), „Durer Revelation Four Riders", als gemeinfrei gekennzeichnet, Details auf Wikimedia Commons: https://commons.wikimedia.org/wiki/Template:PD-old

Seite 70

Michael Haferkamp (https://commons.wikimedia.org/wiki/File:Eisberg-diskobucht.jpg), „Eisberg-diskobucht", https://creativecommons.org/licenses/by-sa/3.0/de/legalcode

Seite 79

Molgreen (https://commons.wikimedia.org/wiki/File:20131002_xl_wiki_5194.JPG), „20131002 xl wiki 5194", https://creativecommons.org/licenses/by-sa/3.0/legalcode

Seite 91

Cosal (https://commons.wikimedia.org/wiki/File:Ancient_olive_trees_at_Alalkomenai_on_Ithaka.JPG), https://creativecommons.org/licenses/by-sa/4.0/legalcode

Seite 98

User:VasilievVV and user:Jarekt (https://commons.wikimedia.org/wiki/File:Blue_pencil.svg), „Blue pencil", als gemeinfrei gekennzeichnet, Details auf Wikimedia Commons: https://commons.wikimedia.org/wiki/Template:PD-self

ANMERKUNGEN

1 Vgl. F.-W. Gerstengarbe: Einige Anmerkungen zur Klimadiskussion, Potsdam-Institut für Klimafolgenforschung 2008, http://www.klimawandel-rlp.de/fileadmin/website/klimland/Klimadiskussion_1_Gerstengarbe.pdf.

2 Vgl. Wolfgang Pomrehn: Eiszeiten und Klimawandel, Telepolis, Januar 2018, https://www.heise.de/tp/news/Eiszeiten-und-Klimawandel-3934298.html.

3 Vgl. Jakob Wetzel: Ein Jahr Fridays for Future, Süddeutsche Zeitung 12. Dezember 2019, https://www.sueddeutsche.de/muenchen/klimastreik-muenchen-fridays-for-future-1.4718739.

4 Vgl. Jakob Wetzel: Viele bewegt, zu wenig erreicht, Süddeutsche Zeitung, https://projekte.sueddeutsche.de/artikel/muenchen/muenchen-ein-jahr-fridays-for-future-e162500/?reduced=true.

5 Vgl. WDR-Kinderchor singt „Oma ist ne alte Umweltsau": Hier den Lied-Text und das gelöschte Video sehen, Merkur 07.01.20, https://www.merkur.de/politik/kinderchor-wdr-oma-um-weltsau-lied-text-video-zr-13391381.html.

6 Vgl. Karin Ceballos Betancur: Dieses Mädchen fordert die Welt heraus, in: Die Zeit vom 31. Januar 2019, S. 53, 59-60.

7 Greta Thunberg auf der UN-Klimakonferenz in Katowice 2018. Zitiert in: The Guardian, 4. Dezember 2018.

8 Greta Thunberg. Zitiert in: Karin Ceballos Betancur: Gretas Welt, Zeit Online, 30. Januar 2019.

9 Vgl. „Time" kürt Greta Thunberg zur Person des Jahres, SPIEGEL online, 11.12.2019, https://www.spiegel.de/kultur/gesellschaft/greta-thunberg-time-umweltaktivistin-zur-person-des-jahres-gekuert-a-1300778.html.

10 Vgl. Bundesregierung: Eckpunkte für das Klimaschutzprogramm 2030, https://www.bundesregierung.de/resource/blob/975232/1673502/768b67ba939c098c994b71c0b-7d6e636/2019-09-20-klimaschutzprogramm-data.pdf?download=1, Dezember 2019.

11   Vgl. Werner Eckert: Es ist, als gäbe es kein Morgen, tageschau 20.9.2019, https://www.tageschau.de/kommentar/kommentar-klimapaket-koalition-101.html.

12   Vgl. Ansgar Graw: Die Grünen treiben den Preis hoch, welt. de 02.12.2019, https://www.welt.de/politik/deutschland/article203994548/Moegliches-Ende-der-GroKo-Die-Gruenen-treiben-den-Preis-hoch.html.

13   Vgl. Joachim Fahrun: Ab 2030 Fahrverbot für Benzin- und Dieselautos in der City, Berliner Morgenpost 21.01.2020, https://www.morgenpost.de/berlin/article228197727/Ab-2030-Fahrverbot-fuer-Autos-mit-Verbrennungsmotor.html?utm_source=browser&utm_medium=push-notification&utm_campaign=cleverpush.

14   Vgl. Sebastian Schreiber: Wenn Konzerne plötzlich grün sein wollen, Tagesschau online 23.1.2020, https://www.tagesschau.de/wirtschaft/davos-rede-merkel-101.html.

15   Vgl. J. R. Lanzante/K. W. Dixon/M. J. Nath/C. E. Whitlock/D. Adams-Smith: Some Pitfalls in Statistical Downscaling of Future Climate, Bulletin of the American Meteorological Society, 10.5.2018, https://journals.ametsoc.org/doi/10.1175/BAMS-D-17-0046.1.

16   Vgl. NSIDC Southern Hemisphere Sea Ice Area, Januar 2008, http://arctic.atmos.uiuc.edu/cryosphere/IMAGES/current.area.south.jpg.

17   Vgl. National Snow and Ice Data Center (NSIDC): Arctic Sea Ice News Fall 2007, https://nsidc.org/news/newsroom/arctic-sea-ice-minimum-extent-2019.

18   Vgl. S. Jevrejeva et: Flood damage costs under the sea level rise with warming of 1.5 °C and 2 °C, in: Environmental Research Letters. Band 13, 2018.

19   Vgl. L. Caesar, S. Rahmstorf/A. Robinson/G. Feulner/V. Saba: Observed fingerprint of a weakening Atlantic Ocean overturning circulation. In: Nature. Band 556, Nr. 7700, April 2018, S. 191-196.

20   Vgl. Potsdam-Institut für Klimafolgenforschung: Vier-Grad-Dossier für die Weltbank: Risiken einer Zukunft ohne Klimaschutz, 19.11.2012, https://www.pik-potsdam.de/aktuelles/pressemitteilungen/archiv/2012/4-degrees-briefing-for-the-world-bank-the-risks-of-a-future-without-climate-policy?set_language=de.

21   Vgl. Anthony Leroy Westerling/Hugo G. Hidalgo/Daniel R. Cayan/Thomas W. Swetnam: Warming and Earlier Spring

Increases Western U.S. Forest Wildfire Activity, in: *Science*, Online-Veröffentlichung vom 6. Juli 2006, https://science.sciencemag.org/content/313/5789/940.

22 Vgl. NOAA *Geophysical Fluid Dynamics Laboratory*: GFDL R30 Podel projected Climate Changes: Year 2050.

23 Vgl. WMO-IWTC: Summary Statement on Tropical Cyclones and Climate Change, 2006, https://web.archive.org/web/20090325193707/http://www.wmo.int/pages/prog/arep/press_releases/2006/pdf/iwtc_summary.pdf.

24 Vgl. J. H. Landsberg: The effects of harmful algal blooms on aquatic organisms. Reviews in Fisheries Science2002, 10(2): 113–390.

25 Vgl. Josef Settele/Robert Scholes: 4 Terrestrial and inland water systems. In: Climate Change 2014: Impacts, Adaptation, and Vulnerability. Part A: Global and Sectoral Aspects. Contribution of Working Group II to the Fifth Assessment Report of the Intergovernmental Panel on Climate Change. 2014, 4.2 A Dynamic and Inclusive View of Ecosystems, S. 280–282.

26 Vgl. Hugh W Ducklow: Marine pelagic ecosystems: the West Antarctic Peninsula, in: Philosophical Transactions of the Royal Society B, vol. 362 Issue 1477, 30. November 2006.

27 Vgl. Marcel E. Visser/Frank Adriaensen/Johan H. van Balen: Variable responses to large-scale climate change in European Parus populations, in: Proceedings of the Royal Society B: Biological Sciences, Vol. 270, Nr. 1513/22. Februar 2003 22, S. 367-372.

28 Vgl. J. C. Turley: Reviewing the Impact of Increased Atmospheric CO2 on Oceanic pH and theMarine Ecosystem, Department for Environment, Food and Rural Affairs, 2. November 2005, S. 65-70.

29 Vgl. A. L. Westerling: Warming and Earlier Spring Increase Western U.S. Forest Wildfire Activity, in: Science vol 313, 18. August 2006, S. 940-943.

30 Vgl. Steven C. Sherwood/Matthew Huber: An adaptability limit to climate change due to heat stress, in: *Proceedings of the National Academy of Sciences*, Band 107, Nr. 21, 25. Mai 2010.

31 Vgl. M. Medina-Ramón: Temperature, temperature extremes, and mortality: a study of acclimatisation and effect modification in 50 US cities, in: Occupational & Environmental Medicine vol. 64, Issue 12, 2007, S. 827–833.

32 Vgl. W. R. Keatinge/G. C. Donaldson: The Impact of Global Warming on Health and Mortality, in: *Southern Medical Journal*. 97 (11), S. 1093-1099, November 2004.

33 Vgl. Peter Larsen: Estimating Future Costs for Alaska Public Infrastructure At Risk from Climate Change, Institute of Social and Economic Research, University of Alaska, Anchorage 2007.

34 Vgl. Überraschende Fakten zum Klimawandel, zdf.de, https://www.zdf.de/dokumentation/planet-e/planet-e-wenn-das-kima-kippt-ueberraschende-fakten-zum-klimawandel-100.html, 10.1.2020.

35 Vgl. Hauptgutachten des WBGU: Welt im Wandel: Sicherheitsrisiko Klimawandel, 06.06.2007, https://www.wbgu.de/fileadmin/user_upload/wbgu/publikationen/hauptgutachten/hg2007/pdf/wbgu_jg2007_kurz.pdf.

36 Vgl. Martin R. Textor: Umweltveränderung und Klimawandel, http://www.zukunftsentwicklungen.de/umwelt.html, 26.7.2018.

37 Vgl. Überraschende Fakten zum Klimawandel, zdf.de, https://www.zdf.de/dokumentation/planet-e/planet-e-wenn-das-kima-kippt-ueberraschende-fakten-zum-klimawandel-100.html, 10.1.2020.

38 Christian Pantle: Klimawandel. Es wird wärmer – gut so!, Focus Magazin Nr. 48 (2010), https://www.focus.de/wissen/klima/tid-20790/titel-es-wird-waermer-gut-so_aid_576648.html.

39 Carlos Jaramillo, in: Christian Pantle: Klimawandel. Es wird wärmer – gut so!, Focus Magazin Nr. 48 (2010).

40 Vgl. Josef Reichholf: Eine kurze Naturgeschichte des letzten Jahrtausends. S. Fischer Verlag, Frankfurt am Main 2007.

41 Vgl. Josef Reichholf: Die Klimaerwärmung bringt auch Vorteile, welt.de 07.02.2016, https://www.welt.de/debatte/kolumnen/seine-natur/article151942637/Die-Klimaerwaermung-bringt-auch-Vorteile.html.

42 Vgl. Mittelalterliche Warmzeit, https://wiki.bildungsserver.de/klimawandel/index.php/Mittelalterliche_Warmzeit, 10.1.2020.

43 Vgl. Gerd Ganteför: Klima – Der Weltuntergang findet nicht statt, Wiley-VCH 2010.

44 Vgl. Robert Mendelsohn: The distributional impact of climate change on rich and poor countries, in: Environment and Development Economics 11:159–178, Cambridge University Press 2006.

45 Vgl. Überraschende Fakten zum Klimawandel, zdf.de, https://www.zdf.de/dokumentation/planet-e/planet-e-wenn-das-kima-kippt-ueberraschende-fakten-zum-klimawandel-100.html, 10.1.2020.

46   Peter Bebi, in: Christian Pantle: Klimawandel. Es wird wärmer – gut so!, Focus Magazin Nr. 48 (2010).

47   Vgl. Martin R. Textor: Umweltveränderung und Klimawandel, http://www.zukunftsentwicklungen.de/umwelt.html, 26.7.2018.

48   Joachim Weigel: in: Christian Pantle: Klimawandel. Es wird wärmer – gut so!, Focus Magazin Nr. 48 (2010).

49   Vgl. Richard A. Kerr: A Warmer Arctic Means Change for All, Science 30 Aug 2002, Vol. 297, Issue 5586, pp. 1490-1493.

50   Vgl. „Fridays for Future" in Leipzig: Demo-Teilnehmer erhielten Geld für ihren Auftritt, Focus online 03.12.2019, https://www.focus.de/wissen/klima/50-euro-pro-person-fridays-for-future-in-leipzig-erhielten-demo-teilnehmer-geld-fuer-ihren-auftritt_id_11417500.html.

51   Vgl. „Ihr habt meine Kindheit gestohlen" – Thunberg attackiert Politiker bei UN-Klimagipfel, Berliner Zeitung 23.09.2019, https://archiv.berliner-zeitung.de/politik/-ihr-habt-meine-kindheit-gestohlen--thunberg-attackiert-politiker-bei-un-klimagipfel-33212024.

52   Die folgenden Beispiele wurden hier übernommen: Alexander Neubacher: Öko Fimmel. Wie wir versuchen die Welt zu retten, und was wir damit anrichten, Deutsche Verlags-Anstalt, München 2012, S. 21-27, 31-36, 41-90.

53   Vgl. Ingo Nathusius: Dubioses Öko- Investment. Deutschlands erstes Frachtsegelschiff, https://multimedia.boerse.ard.de/avontuur-timbercoast-dubioses-oeko-investment#7752, Januar 2019.

54   Vgl. Lukas Bischofberger: Avontuur Sailed Rum: Auf dem Segelschiff umweltschonend über den Atlantik, https://www.alkoblog.de/avontuur-sailed-rum/, 25.4.2018.

55   Ingo Nathusius: Dubioses Öko-Investment. Deutschlands erstes Frachtsegelschiff, https://multimedia.boerse.ard.de/avontuur-timbercoast-dubioses-oeko-investment#7752, Januar 2019.

56   Vgl. Segeltörn soll klimaschädlicher sein als Flugreise, ZEIT ONLINE 15.8.2019, https://www.zeit.de/gesellschaft/2019-08/un-klimagipfel-greta-thunberg-seeweg-klimaschutz-teammitglieder-flugweg.

57   Vgl. ARD-Doku: Bau einer E-Auto-Batterie erzeugt 17 Tonnen CO_2, Focus online 06.06.2019, https://www.focus.de/auto/ueber-elektromobilitaet-tv-doku-entlarvt-das-maerchen-vom-emissionsfreien-autofahren_id_10789038.html.

58   Vgl. Schwedische Studie rechnet vor: CO2-Bilanz eines Elektro-autos ist ein Desaster, Focus online 14.06.2017, https://www.focus.de/auto/elektroauto/e-auto-batterie-viel-mehr-co2-als-gedacht_id_7246501.html.

59   Vgl. Thomas Kroher: Elektroautos brauchen die Energiewen-de: Die Klimabilanz, ADAC 25.10.2019, https://www.adac.de/verkehr/tanken-kraftstoff-antrieb/alternative-antriebe/klimabilanz/?redirectId=quer.klimabilanz2018.

60   Vgl. Joachim Becker: Die dreckige Wahrheit der Mobi-litätswende, Süddeutsche Zeitung 29.11.2018, https://www.sueddeutsche.de/auto/elektroautos-batterien-recy cling-1.4218519.

61   Vgl. Thomas Spinnler: Disney+: Zwischen Komaglotzen und Streaming-Scham, ARD 12.11.2019, https://boerse.ard.de/ak tien/disney-streaming-wettbewerb-klima-netflix100.html.

62   Vgl. Eckart Lohse: „Second best ist allemal besser als nothing", Frankfurter Zeitung 03.09.2019, https://www.faz.net/aktu ell/politik/inland/wolfgang-schaeuble-empfiehlt-cdu-opti mismus-in-der-klimapolitik-16366207.html.

63   Vgl. Jobkiller E-Mobilität? Strukturwandel bis 2030, Tges-schau.de 13.01.2020, https://www.tagesschau.de/wirt schaft/autoindustrie-elektromobilitaet-101.html.

64   Vgl. Studie: 1,8 Billionen nötig für annähernde Klimaneutrali-tät, Merkur.de 31.10.19, https://www.merkur.de/wirtschaft/studie-1-8-billionen-noetig-fuer-annaehernde-klimaneutra litaet-zr-13184135.html.

65   Vgl. Eine Billion für den 'Green Deal' bis 2030, focus online 13.01.2020, https://www.focus.de/finanzen/boerse/wirt-schaftsticker/von-der-leyen-eine-billion-fuer-den-green-de al-bis-2030_id_11546270.html.

66   Vgl. Die Ressourcen für 2019 sind aufgebraucht, ZEIT ONLINE 29.7.2019, https://www.zeit.de/wissen/umwelt/2019-07/umwelt-ressourcen-erdueberlastung-verbrauch-menschheit.

67   Vgl. Gordana Mijuk: Öko-Alltag, Neue Zürcher Zeitung nzz.ch 07.09.2016, https://www.nzz.ch/nzzas/nzz-am-sonntag/gruene-wirtschaft-oeko-alltag-ld.115366.

68   Vgl. Gericht lehnt Garantie für Stopp der Rodungen ab, SPIE-GEL online 12.03.2019, https://www.spiegel.de/wirtschaft/soziales/hambacher-forst-gericht-lehnt-garantie-fuer-er halt-des-waldes-ab-a-1257495.html.

69   Vgl. Camila Cirlini: Die Kriminalisierung von Whistleblowern, Tierschutz- und Umweltaktivist/innen verhindern, Die Linke

16.06.2018, https://www.dielinke-nrw.de/partei/landes-parteitage/bielefeld-301101122019/detail-ticker-lpt-bielefeld-2019/news/die-kriminalisierung-von-whistleblo-wern-tierschutz-und-umweltaktivist-innen-verhindern/.

70 Vgl. Klaus Müller, in: Michael Bauchmüller/Christian Endt: Experten: Klimapaket benachteiligt Geringverdiener, Süddeutsche Zeitung, sz.de 07.11.2019, https://www.sueddeut sche.de/wirtschaft/klimapaket-sozial-ungerecht-1.4672602.

71 Vgl. Robert Habeck: Die Grünen und Gerechtigkeit. Umweltpolitik kann auch unsozial sein, Der Tagesspiegel 16.06.2016, https://www.tagesspiegel.de/politik/die-grue nen-und-gerechtigkeit-umweltpolitik-kann-auch-unsozi al-sein/13738692.html.

72 Vgl. Stefan Bringezu: Warum wir von Biosprit und Biodiesel die Finger lassen sollten, Wirtschafts Woche 20.11.2014, https://www.wiwo.de/technologie/green/rohstoffe-war um-wir-von-biosprit-und-biodiesel-die-finger-lassen-soll ten/13550590.html.

73 Vgl. Michael Bauchmüller/Christian Endt: Experten: Klima-paket benachteiligt Geringverdiener, Süddeutsche Zeitung, sz.de 07.11.2019, https://www.sueddeutsche.de/wirtschaft/klimapaket-sozial-ungerecht-1.4672602.

74 Vgl. Greta Thunberg schickt Journalisten aus dem Saal, Welt online 09.08.2019, https://www.welt.de/vermischtes/article 198188187/Fridays-for-Future-in-Lausanne-Greta-Thunberg-schickt-Journalisten-raus.html.

75 Vgl. Raoul Löbbert: Angst, Interview mit dem Historiker Frank Biess, Zeit online 15.11.2019, https://www.zeit.de/2019/47/angst-apokalypse-gefuehle-wahrnehmung-weltuntergang-panik.

76 Vgl. Die Ängste der Deutschen 2019. Studie der R+V Versicherung, https://www.ruv.de/presse/aengste-der-deutschen, 9.9.2019.

77 Vgl. beispielsweise die Werbung des WWF: „Es ist fünf vor Zwölf" und „Rettet unseren Planeten, https://www.wwf.de/ themen-projekte/klima-energie/?gclid=EAIaIQobChMIqOal-2Kip5wIVCM53Ch0rHwl1EAAYASAAEgKmifD_BwE, 15.1.2020.

78 Vgl. Alexander Neubacher: Öko Fimmel. Wie wir versuchen die Welt zu retten, und was wir damit anrichten, Deutsche Verlags- Anstalt, München 2012, S. 92-104.

79 Vgl. Wolfram Eilenberger: Debatte um Klimawandel. Die totalitäre Angst vor dem Untergang, Deutschland-funk 11.08.2019, https://www.deutschlandfunkkultur.

de/debatte-um-klimawandel-die-totalitaere-angst-vor-
dem.2162.de.html?dram:article_id=455916.

80 Vgl. Zwischen Depression und Angst: Wie gehe ich mit meinen
Gefühlen zum Klimawandel um?, Bento online 11.11.2019,
https://www.bento.de/gefuehle/klimawandel-wie-mit-klima
angst-umgehen-zwischen-depression-und-angst-a-4f8e32c7
ea49-4644-a611-3baf714e7c73.

81 Vgl. Andrew Greenfield, in: Greta verursacht zunehmende
«Öko-Angst» bei Kindern, nau.ch, https://www.nau.ch/news/
ausland/greta-verursacht-zunehmende-oko-angst-bei-kin
dern-65589726, 10.12.2019.

82 Vgl. Ieru: Eiszeit-Rätsel gelöst: Darum wird die Erde alle 100.000
Jahre lebensfeindlich, weather.com September 2018, https://
weather.com/de-DE/wissen/klima/news/alle-100000-jahre-
eine-eiszeit-endlich-gibt-es-eine-erklarung.

83 Vgl. Klimawandel unterdrückt die nächste Eiszeit, Potsdam-Institut für Klimafolgenforschung, 14.01.2016, https://www.scinexx.de/news/geowissen/klimawandel-unter
drueckt-die-naechste-eiszeit/.

84 Vgl. Die nächste Eiszeit ist überfällig, Focus online, Oktober
2019, https://www.focus.de/wissen/videos/forscher-warnen
-vor-niedrigen-temperaturen-mini-eiszeit-ab-2030-so-
gefaehrlich-wird-eine-schlafende-sonne-wirklich-fuer-uns_
id_4816361.html.

85 Vgl. Natalie Krivova: Solare Variabilität und Klima,
Max-Planck-Institut für Sonnensystemforschung, September
2016, https://www.mps.mpg.de/solare-variabilitaet.

86 Vgl. Wolfgang Pomrehn: Eiszeiten und Klimawandel, Telepolis, Januar 2018, https://www.heise.de/tp/news/Eiszeiten-
und-Klimawandel-3934298.html.

87 Vgl. Christian Pantle: Klimawandel. Es wird wärmer – gut so!,
Focus Magazin Nr. 48 (2010).

88 Vgl. Jochem Marotzke, in: Christina Steinlein: Ist der Klimawandel menschengemacht? Die Ozeane sind schuld, focus
online 23.09.2014, https://www.focus.de/wissen/klima/tid-
8638/diskussion_aid_234321.html.

89 Vgl. Christina Steinlein: Ist der Klimawandel menschengemacht? Die Ozeane sind schuld, Focus online 23.09.2014,
https://www.focus.de/wissen/klima/tid-8638/diskussion_
aid_234330.html.

90 Vgl. Jochem Marotzke, in: Christina Steinlein: Ist der Klimawandel menschengemacht? Die Ozeane sind schuld, focus

online 23.09.2014, https://www.focus.de/wissen/klima/tid-8638/diskussion_aid_234321.html.

91 Vgl. Julia Köppe: Buschfeuer treiben CO2-Emissionen in die Höhe, SPIEGEL online 23.12.2019, https://www.spiegel.de/wissenschaft/natur/australien-buschbraende-verursachen-haelfte-der-co2-emissionen-des-landes-a-1302670.html.

92 Vgl. Thomas Grüter: Die verzerrte Wahrnehmung in der Klimadiskussion, Spectrum.de 23. Jul 2019, https://scilogs.spektrum.de/gedankenwerkstatt/die-verzerrte-wahrnehmung-in-der-klimadiskussion/.

93 Ebd.

94 Vgl. M. Muntean: Fossil CO2 emissions of all world countries, Joint Research Center of the European Commission, 2018, file:///C:/Users/User/Downloads/kjna29433enn.pdf.

95 Vgl. Jean-Francois Bastin: The global tree restoration potential, Science 05 Jul 2019, Vol. 365, Issue 6448, pp. 76-79.

96 Vgl. Ralph Diermann: Der Sauberstoff. Grüner Wasserstoff als Klimaschützer, SPIEGEL online 13.07.2019, https://www.spiegel.de/wissenschaft/technik/gruener-wasserstoff-soll-die-industrie-klimaneutral-machen-a-1266023.html.

97 Vgl. Daniel Wetzel: In der „kalten Dunkelflaute" rächt sich die Energiewende, welt.de 01.04.2019, https://www.welt.de/wirtschaft/article191195983/Energiewende-Das-droht-uns-in-der-kalten-Dunkelflaute.html.

98 Vgl. Katja Ridderbusch: Die Angst vorm Grünen Drachen. US-Evangelikale und der Klimaschutz, Deutschlandfunk 5.11.2019,https://www.deutschlandfunk.de/us-evangelikale-und-der-klimaschutz-die-angst-vorm-gruenen.886.de.html?dram:article_id=462564.

99 Jennifer Ayres, in: Katja Ridderbusch: Die Angst vorm Grünen Drachen. US-Evangelikale und der Klimaschutz.

100 Zitiert in: Katja Ridderbusch: Die Angst vorm Grünen Drachen. US-Evangelikale und der Klimaschutz.

101 Günter Altner: Kirche & Umwelt, in: Udo E. Simonis u.a. Hrsg., Öko- Lexikon, München, C.H.Beck Verlag 2003, S. 108.

102 Vgl. Alexander Neubacher: Öko Fimmel. Wie wir versuchen die Welt zu retten, und was wir damit anrichten, Deutsche Verlags- Anstalt, München 2012, S. 92ff.

103 Rashi, Chumash with Targum Onkelos, Haphtharoth and Rashis Commentary, Rabbi A. M. Silbermann and Rev. M. Rosenbaum, Hg., Bd. 1, S.7, The Silbermann Family, Jerusalem, gedruckt 1934.

104 Vgl. Aloys P. Hüttermann/Aloys H. Hüttermann: Am Anfang war die Ökologie. Naturverständnis im Alten Testament, München, Antje Kunstmann Verlag 2002, S. 140.

105 Vgl. Andreas Brenner: Ökologie Ethik, Reclam Verlag, Leipzig 1996, S. 117-125.

106 Vgl. Bernhard Irrgang: Christliche Umweltethik, Ernst Reinhardt Verlag, München/Basel 1992, S. 169ff.

107 Vgl. Hüttermann, S. 73-78.

108 Vgl. Hüttermann, S. 144-147.

109 Vgl. Karl-Wilhelm Weeber: Smog über Attika – Umweltverhalten im Altertum, Zürich/München, Artemis, 1990, S. 25, 45.

110 Vgl. Bernhard Irrgang: Christliche Umweltethik, Ernst Reinhardt Verlag, München/Basel 1992, S. 136-142.

111 Vgl. Andreas Brenner: Ökologie Ethik, Reclam Verlag, Leipzig 1996, S. 58-67.

112 Vgl. Iris Manner: Tony Rinaudo - der verrückte weiße Bauer, World Vision 21.09.2016, https://www.worldvision.de/aktuell/2015/05/Tony-Rinaudo-FMNR.

113 Vgl. Julia Großmann, Peter Carstens: Dieser Mann verwandelt Wüste in blühende Landschaften, GEO online 17.01.2019, https://www.geo.de/natur/nachhaltigkeit/20772-rtkl-tony-rinaudo-dieser-mann-verwandelt-wueste-bluehende-landschaften.

114 Tony Rinaudo in: Julia Großmann, Peter Carstens: Dieser Mann verwandelt Wüste in blühende Landschaften, 17.01.2019.

115 Ebd.

116 Vgl. Stefanie Ramsperger: „Vergib uns, dass wir deine Schöpfung zerstören", pro. Christliches Medienmagazin 25.09.2018, https://www.pro-medienmagazin.de/gesellschaft/weltweit/2018/09/25/vergib-uns-dass-wir-deine-schoepfung-zerstoeren/.

117 Ebd.

118 Ebd.

119 Ebd.

Markus Wäsch
Visionen einer besseren Welt
Wie Jesus das Reich Gottes sieht

Diese Sammlung lebensnaher Predigten behandelt
acht Gleichnisse aus dem Lukasevangelium. In ihnen
geht es darum, Jesus vor dem Hintergrund dieser
Welt als Erretter, Herrn und König zu sehen. Der Au-
tor legt dabei Wert auf eine verständliche und ein-
prägsame Ausdrucksweise.

Tb., 160 S., 11 x 18 cm
Best.-Nr. 271 447
ISBN 978-3-86353-447-9

Hartmut Jaeger (Hg.)
Gott lässt sich finden

Eine Spurensuche ist spannend und faszinierend zugleich. Plötzlich entdecken wir Spuren, die wir nicht vermutet haben. Und wenn dann Gott unser Leben kreuzt, hinterlässt er Eindrücke besonderer Art. Davon zu lesen lohnt sich.

Tb., 64 S., 11 x 18 cm
Best.-Nr. 271 548
ISBN 978-3-86353-548-3

Hartmut Jaeger / Michael Kotsch (Hg.)
#Go(o)d News
Die Bibel ist Gottes Wort

Dieses Buch räumt auf mit Vorurteilen, die immer
wieder gegen die Bibel erhoben werden. Es zeigt darüber hinaus anschaulich, kurz und punktgenau, wie
wert- und wirkungsvoll sie bis heute ist, für Menschen persönlich, aber auch für unsere Gesellschaft
und Welt.

Pb., 128 S., 12 x 18,7 cm
Best.-Nr. 271 640
ISBN 978-3-86353-640-4

Erwin W. Lutzer
Das Finale
*Letzte Stationen der Weltgeschichte
aus biblischer Sicht*

„Das Ende der Welt naht!"– Diese Worte beflügeln
die Fantasie der Menschen. Erwin Lutzer zeigt 10
Stationen auf, die nach der Bibel tatsächlich in naher
Zukunft zu erwarten sind. Gehen Sie mit ihm auf diese äußerst spannende Reise, und finden Sie heraus,
was davon Sie selbst betrifft!

Gb., 224 S., 13,5 x 20,5 cm
Best.-Nr. 271 026
ISBN 978-3-86353-026-6

DCTB (Hg.)
Nachgehakt
Kernpunkte des christlichen Glaubens verständlich erklärt

Gott oder kein Gott? Das ist die entscheidende Frage des Lebens. Viele Menschen können diese Frage nicht mehr eindeutig beantworten. Selbst Christen fällt es immer schwerer, die Fragen der Menschen über Gott, zum Sinn des Lebens, zu Frieden, Freiheit oder Toleranz zu beantworten.

Wir haben nachgehakt und geben in diesem Buch einfache und verständliche Antworten auf die Fragen, die Menschen bewegen. Stell dich der Herausforderung und prüfe anhand von Fragen und Antworten deinen Standpunkt und lass dich einladen, Jesus Christus als Antwort auf alle Fragen des Lebens in Betracht zu ziehen.

Tb., 112 S., 11 x 18 cm
Best.-Nr. 271 573
ISBN 978-3-86353-573-5